Diversion durch den Jugendrichter

Europäische Hochschulschriften
Publications Universitaires Européennes
European University Studies

**Reihe II
Rechtswissenschaft**

Série II Series II
Droit
Law

Bd./Vol. 3108

PETER LANG
Frankfurt am Main · Berlin · Bern · Bruxelles · New York · Oxford · Wien

Katja Löhr-Müller

Diversion durch den Jugendrichter

Der Rüsselsheimer Versuch

PETER LANG
Europäischer Verlag der Wissenschaften

Die Deutsche Bibliothek - CIP-Einheitsaufnahme

Löhr-Müller, Katja:
Diversion durch den Jugendrichter : der Rüsselsheimer
Versuch / Katja Löhr-Müller. - Frankfurt am Main ; Berlin ;
Bern ; Bruxelles ; New York ; Oxford ; Wien : Lang, 2001
 (Europäische Hochschulschriften : Reihe 2,
Rechtswissenschaft ; Bd. 3108)
Zugl.: Mainz, Univ., Diss., 2000
ISBN 3-631-37765-7

Gedruckt auf alterungsbeständigem,
säurefreiem Papier.

D 77
ISSN 0531-7312
ISBN 3-631-37765-7
© Peter Lang GmbH
Europäischer Verlag der Wissenschaften
Frankfurt am Main 2001
Alle Rechte vorbehalten.

Das Werk einschließlich aller seiner Teile ist urheberrechtlich
geschützt. Jede Verwertung außerhalb der engen Grenzen des
Urheberrechtsgesetzes ist ohne Zustimmung des Verlages
unzulässig und strafbar. Das gilt insbesondere für
Vervielfältigungen, Übersetzungen, Mikroverfilmungen und die
Einspeicherung und Verarbeitung in elektronischen Systemen.

Printed in Germany 1 2 3 4 5 7

Ich habe überhaupt keine Hoffnung mehr
in die Zukunft unseres Landes,
wenn einmal unsere Jugend die Männer von morgen stellt.
Unsere Jugend ist unerträglich,
unverantwortlich und entsetzlich anzusehen.

Aristoteles (384-322 v. Chr)

INHALTSVERZEICHNIS

A. EINLEITUNG 1

B. EINORDNUNG DES RÜSSELSHEIMER VERSUCHS 1

    I. Der Erziehungsgedanke im Jugendstrafrecht 1

    II. Diversion 2

    III. Vorhandene Untersuchungen 6

        1. Untersuchung von Pfohl 7

        2. Untersuchung von Feltes 7

        3. Untersuchung von Pfeiffer 8

        4. Untersuchung von Heinz / Hügel 9

        5. Untersuchung von Kalpers-Schwaderlap 10

        6. Untersuchung von Matheis 10

        7. Untersuchung von Heinz / Storz 11

        8. Untersuchung von Hock-Leydecker 12

    IV. Diversionsmodelle in Hessen 13

        1. Das Fuldaer Modell 14

        2. Das Offenbacher Modell 14

        3. Das Bensheimer Modell 15

    V. Der Rüsselsheimer Versuch 15

C. EMPIRISCHE UNTERSUCHUNG 16

    I. Untersuchungszweck 16

        1. Darstellung des Projekts 17

        2. Beschreibung von Täter und Tat 17

3. Legalbewährung 17
II. Wahl der Untersuchungsmethode 17
1. Die Aktenanalyse 18
2. Das Interview 21
3. Die Beobachtung 22
4. Vergleichsgruppe 22
5. Untersuchungszeitraum 24

D. ERGEBNISSE DER EIGENEN UNTERSUCHUNG 26

I. Der Rüsselsheimer Versuch als Diversionsmodell 26
II. Rechtliche Würdigung 32
1. § 47 JGG 32
2. § 71 JGG 37
3. § 45 Abs.3 JGG 38
III. Ergebnisse der Erhebung 44
1. Entscheidung 44
2. Täterbezogene Merkmale 49
  2.1 Alter zum Tatzeitpunkt und Geschlecht 49
  2.2 Nationalität und Geschlecht 50
  2.3 Schule und Beruf 53
  2.4 Einkommen / Taschengeld 59
  2.5 Beruf Eltern 60
  2.6 Familienstand Eltern 65
  2.7 Kontakt zu Erziehungsberechtigten 66
  2.8 Familienverhältnisse 67
  2.9 Freizeitverhalten 74

3. Tatbezogene Merkmale 76
3.1 Tatort / Wohnort 76
3.2 Versuch / Vollendung 77
3.3 Geständnis 77
3.4 Realkonkurrierende Delikte 79
3.5 Einzeldelikte bei Fortsetzungstat 80
3.6 Strafrechtliche Einordnung des abweichenden Verhaltens 81
3.7 Art des Schadens 84
3.8 Schadensgegenstand bei Diebstahl 86
3.9 Höhe des materiellen Schadens 87
3.10 Tatmotiv 90
4. Verfahrensbezogene Merkmale 94
4.1 Zeitraum zwischen Tat, Erziehungsgespräch und Eingang der staatsanwaltlichen Antragsschrift bei Gericht 94
4.2 Ersttätereigenschaft 96
4.3 Angehörige bei Erziehungsgespräch anwesend 97
4.4 Jugendgerichtshilfe bei Erziehungsgespräch anwesend 97
4.5 Getroffene Maßnahme 99
4.6 Höhe der Arbeitsleistung oder Geldbuße unter Berücksichtigung der täter-und tatbezogenen Merkmale 103
5. Legalbewährung 110
5.1 Rückfall, Altersstatus und Geschlecht 114
5.2 Rückfall im Nationalitätenvergleich 116
5.3 Rückfall und Schule 121
5.4 Rückfall und Freizeitverhalten 124
5.5 Rückfall bei Alleintäterschaft und Tätergemeinschaft 127

5.6 Rückfall und Familienstand der Eltern 129

5.7 Rückfall und Schichtzugehörigkeit 131

5.8 Rückfall und Berufstätigkeit der Mutter 133

5.9 Rückfall und Angehörige beim Erziehungsgespräch
anwesend 135

5.10 Rückfall und Erziehungsmaßnahme 137

5.11 Rückfall nach Deliktsgruppen 140

5.12 Einschlägiger Rückfall 144

IV. Abschließende Stellungnahme 145

TABELLENVERZEICHNIS 147

ABBILDUNGSVERZEICHNIS 151

ANHANG 152

LITERATURVERZEICHNIS

Bock, Michael: Jugendstrafrecht im Bann der Sanktionsforschung. In: Pötz Paul-Günter (Hrsg.): Goltdammer`s Archiv für Strafrecht. Wachtberg u.a. 1997, S.1-23.
Bock, Michael: Kriminologie. München. 1995.
Bock, Michael: Prävention und Empirie - Über das Verhältnis von Strafzwecken und Erfahrungswissen. Juristische Schulung. München 1994, S.89-99.
Böhm, Alexander: Einführung in das Jugendstrafrecht. 3. Auflage. München. 1996.
Böhm, Alexander: Zur sogennanten Staatsanwaltsdiversion im Jugendgerichtsverfahren. In: Festschrift für Günter Spendel. Berlin u.a.1992, S. 777-794.
Böttcher, Reinhard / Weber, Klaus: Erstes Gesetz zur Änderung des Jugendgerichtsgesetzes. In: Neue Zeitschrift für Strafrecht, Heft 12. Bonn u.a. 1990, S. 561-566.
Brunner, Rudolf / Dölling, Dieter: Kommentar zum JGG. 10. Auflage. Berlin u.a. 1996.
Deutsche Vereinigung für Jugendgerichte und Jugendgerichtshilfen e.V. (Hrsg.): Jugendgerichtsverfahren und Kriminalprävention. München 1984.
Deutsche Vereinigung für Jugendgerichte und Jugendgerichtshilfen e.V. (Hrsg.): Die jugendrichterlichen Entscheidungen - Anspruch und Wirklichkeit. München 1981.
Diedrich, Bernd: Zusammenarbeit in der Jugendstrafrechtspflege - Schwierigkeiten - Chancen -. In: Deutsche Vereinigung für Jugendgerichte und Jugendgerichtshilfen e.V.; X. Hessische Studienwoche für Jugendkriminalrechtspflege vom 7.12. bis 11.12.1987 in Arnolshain. S. 115-123.
Diemer, Herbert / Schoreit, Armin / Sonnen, Bernd-Rüdeger: Kommentar zum Jugendgerichtsgesetz. 3. Auflage. Heidelberg 1999.
Dirnaichner, Udo: Der nordamerikanische Diversionsansatz und rechtliche Grenzen seiner Rezeption im bundesdeutschen Jugendstrafrecht. Frankfurt/Main 1990.

Dölling, Dieter: Was läßt die Kriminologie von den erwarteten spezial- und generalpräventiven Wirkungen des Jugendstrafrechts übrig? In: Kriminologie, Wirkung des Jugendkriminalrechts. Köln u.a.1995, S.143-160.

Dölling, Dieter: Probleme der Aktenanalyse in der Kriminologie. In: Interdisziplinäre Beiträge zur kriminologischen Forschung. In: Kury, Helmut (Hrsg.) Methodologische Probleme in der kriminologischen Forschungspraxis. Band 5. Köln u.a. 1984, S. 265-281.

Eisenberg, Ulrich: Jugendgerichtsgesetz mit Erläuterungen. 7. Auflage. München 1997.

Feest, Johannes: Frauenkriminalität. In: Kaiser, Günther / Kerner, Hans-Jürgen / Sack, Fritz / Schellhoss, Hartmut (Hrsg.), Kleines Kriminologisches Wörterbuch 3. Auflage. Heidelberg 1993, S.142-146.

Feltes, Thomas: Der Staatsanwalt als Sanktions- und Selektionsinstanz. Eine Analyse anhand der Staatsanwaltsstatistik mit einigen Bemerkungen zu regionalen Unterschieden in der Sanktionierung im Erwachsenen- und Jugendstrafverfahren und zur "systemimmanenten Diversion". In: Kerner, Hans-Jürgen (Hrsg.): Diversion statt Strafe? Probleme und Gefahren eine neuen Strategie strafrechtlicher Sozialkontrolle. Heidelberg 1983, S. 55-94.

Göppinger, Hans: Kriminologie. 5. Auflage. München 1997.

Heinz, Wolfgang: Das strafrechtliche Sanktionssystem und die Sanktionierungspraxis in Deutschland 1882-1997 (Stand: Berichtsjahr 1997) Internet-Publikation: <www.uni-konstanz.de/rtf/kis/sanks97/htm> Version 6/1999.

Heinz, Wolfgang: Aufnahmebereitschaft, Kritik und Widerstände von Richtern und Staatsanwälten bei der Konfrontation mit kriminologischen Befunden. In: Das Jugendkriminalrecht als Erfüllungsgehilfe gesellschaftlicher Erwartungen? Symposium an der kriminologischen Forschungsstelle der Universität zu Köln. Eine Dokumentation des Bundesministeriums der Justiz (Hrsg.) Bonn 1994, S. 99-141.

Heinz, Wolfgang: Diversion im Jugendstrafverfahren. Aktuelle kriminalpolitische Bestrebungen im Spiegel empirischer Untersuchungen In: Zeitschrift für Rechtspolitik. München 1990, S. 7-11.

Heinz, Wolfgang: JGG - Reform durch die Praxis - Standortbestimmung aus jugendstrafrechtlicher, jugendkriminolgischer und rechtsvergleichender Sicht.
In: Jugendstrafrechtsreform durch die Praxis. Konstanzer Symposium. Bonn 1989. S.13-18.
Heinz, Wolfgang / Hügel, Christine: Forschungsvorhaben des Bundesministers der Justiz "Erzieherische Maßnahmen im deutschen Jugendstrafrecht" 3. Auflage. Bonn 1987.
Heinz, Wolfgang / Spieß, Gerhard / Storz, Renate: Prävalenz und Inzidenz strafrechtlicher Sanktionierung im Jugendalter. In: Kriminologische Forschung in den 80er Jahren. Freiburg. 1988, S.631-660.
Heinz, Wolfgang / Storz, Renate: Diversion im Jugendstrafverfahren in der Bundesrepublik Deutschland. Forschungsvorhaben des Bundesministers der Justiz: "Erzieherische Maßnahmen im deutschen Jugendstrafrecht - Anschluß - und Vertiefungsuntersuchung". Bonn 1992.
Herrmann, Dieter: Die Aktenanalyse als kriminologische Forschungsmethode.
In: Kaiser, Günther / Kury, Helmut / Albrecht, Hans-Jörg (Hrsg.): Kriminologische Forschung in den 80er Jahren. Projektberichte aus der Bundesrepublik Deutschland. Freiburg 1988, S. 863-875.
Hock-Leydecker, Gertrud: Die Praxis der Verfahrenseinstellung im Jugendstrafverfahren. Frankfurt/Main 1994.
Holzschuh, Karl: Die Praxis der ambulanten Erziehung junger Rechtsbrecher in Deutschland.
In: Deutsche Vereinigung für Jugendgerichte und Jugendgerichtshilfen e.V. (Hrsg.). Neue Wege zur Bekämpfung der Jugendkriminalität. Köln u.a. 1955 S. 165-179; wieder abgedruckt in:
Schaffstein, Friedrich / Miehe, Olaf (Hrsg.): Weg und Aufgabe des Jugendstrafrechts. Darmstadt 1968, S.166-181.
Janssen, Helmut: Diversion: Entstehungsbedingungen, Hintergründe und Konsequenzen einer veränderten Strategie sozialer Kontrolle.
In: Kerner, Hans-Jürgen (Hrsg.): Diversion statt Strafe? Probleme und Gefahren einer neuen Strategie strafrechtlicher Sozialkontrolle. Heidelberg 1983, S.15-131.
Kaiser, Günther: Kriminologie: eine Einführung in die Grundlagen. 10: Auflage. Heidelberg 1997.

Kaiser, Günther: Diversion.
In: Kaiser, Günther / Kerner, Hans-Jürgen / Sack, Fritz / Schellhoss, Hartmut (Hrsg.), Kleines Kriminologisches Wörterbuch 3. Auflage. Heidelberg 1993, S.88-93
Kalpers-Schwaderlapp, Martina: Diversion to nothing. Mainz 1989.
Kerner, Hans-Jürgen: Ersttäter.
In: Kaiser, Günther / Kerner, Hans-Jürgen / Sack, Fritz / Schellhoss, Hartmut (Hrsg.), Kleines Kriminologisches Wörterbuch 3. Auflage. Heidelberg 1993, S.121-124.
Kreuzer, Arthur: Jugendkriminalität.
In: Kaiser, Günther / Kerner, Hans-Jürgen / Sack, Fritz / Schellhoss, Hartmut (Hrsg.), Kleines Kriminologisches Wörterbuch. 3. Auflage. Heidelberg 1993, S.182-191.
Kürzinger, Josef: Kriminologie: Eine Einführung in die Lehre vom Verbrechen. 2. Auflage. Stuttgart u.a. 1996.
Kuhlen, Lothar: Diversion im Jugendstrafverfahren: Rechtliche Probleme von Alternativen im Jugendstrafverfahren. Heidelberg 1988.
Kury, Helmut: Diversion - Möglichkeiten und Grenzen am Beispiel amerikanischer Programme.
In: Kury, Helmut / Lerchenmüller, Hedwig (Hrsg.) : Diversion. Band 1. Bochum 1981, S. 165 - 245.
Matheis, Bernhard: Intervenierende Diversion. Mainz 1991.
Nix, Christoph: Kurzkommentar zum Jugendgerichtsgesetz. Weinheim, Basel 1994.
Ostendorf, Heribert: Jugendgerichtsgesetz: Kommentar. 4. Auflage. Köln u.a. 1997.
Ostendorf, Heribert: Maßloses Erziehungsstrafrecht oder gebändigtes Präventionsstrafrecht.
In: Walter, Michael (Hrsg.): Beiträge zur Erziehung im Jugendkriminalrecht. Köln u.a. 1989, S. 91-110.
Pfeiffer, Christian: Kriminalprävention im Jugendgerichtsverfahren. Jugendrichterliches Handeln vor dem Hintergrund des Brücke - Projekts. Köln u.a. 1983.
Pfohl, Rudolf : Jugendrichterliche Ermahnungen. Anwendungsbereich und spätere Straffälligkeit.
In: Schaffstein, Friedrich / Schüler-Springorum, Horst (Hrsg.): Kriminologische Studien. Band 15. Göttingen 1973.

President's Commission on Law Enforcement and Administration of Justice: Task Force Report: Juvenile Delinquency and Youth, Washington D.C.,1967
Sack, Fritz: Familie.
In: Kaiser, Günther / Kerner, Hans-Jürgen / Sack, Fritz / Schellhoss, Hartmut (Hrsg.): Kleines Kriminologisches Wörterbuch. 3. Auflage. Heidelberg 1993, S. 124-131.
Schaffstein, Friedrich: Überlegungen zur Diversion.
In: Vogler, Theo / Herrmann, Joachim (Hrsg.): Festschrift für Hans Jescheck zum 70. Geburtstag. Berlin 1985, S. 937-954.
Schlüchter, Ellen : Der Erziehungsgedanke als Leitbild der Verteidigung in Jugendstrafverfahren.
In: Verteidigung in Jugendstrafsachen. Kölner Symposium. Bundesministerium der Justiz (Hrsg.). Bonn 1987, S. 29-40.
Schöch, Heinz: Schule.
In: Kaiser, Günther / Kerner, Hans-Jürgen / Sack, Fritz / Schellhoss, Hartmut (Hrsg.), Kleines Kriminologisches Wörterbuch. 3. Auflage. Heidelberg 1993(b), S. 457-462.
Schneider, Hans Joachim: Einführung in die Kriminologie. 3. Auflage. Berlin 1993.
Schwind, Hans- Dieter: Kriminologie: Eine praxisorientierte Einführung mit Beispielen. 9. Auflage. Heidelberg 1998.
Sessar, Klaus: Zur theoretischen Absicherung von Diversion unter Zuhilfenahme von Erfahrungen aus dem Lübecker Projekt.
In: Neue ambulante Maßnahmen nach dem JGG. Bielefelder Symposium. Bundesministerium der Justiz (Hrsg.). Bonn 1986, 116-129.
Steffen, Wiebke: Sozialer Status, Tatverdacht und Strategie der Sozialkontrolle.
In: Bolte, Karl Martin (Hrsg.): Materialien aus der soziologischen Forschung. München 1978.
Stuckensen, Alexandra: Die Chance von Sportvereinen bei der Resozialisierung krimineller Jugendlicher. Mainz 1998.
Viehmann, Horst: Anmerkungen zum Erziehungsgedanken im Jugendstrafrecht aus rechtschaffender Sicht.
In: Walter, Michael (Hrsg.): Beiträge zur Erziehung im Jugendkriminalrecht. Köln u.a. 1989, S. 111-133.
Walter, Michael: Jugendkriminalität: Eine systematische Darstellung. Stuttgart u.a. 1995.

Walter, Michael: Über die Bedeutung des Erziehungsgedankens für das Jugendkriminalrecht.
In: Walter, Michael (Hrsg.): Beiträge zur Erziehung im Jugendkriminalrecht. Köln u.a. 1989, S. 59-89.
Walter, Michael: Wandlungen in der Reaktion auf Kriminalität. Zur kriminologischen, kriminalpolitischen und insbesondere dogmatischen Bedeutung von Diversion. Zeitschrift für die gesamte Strafrechtswissenschaft. Berlin 1983, S. 32-68.

A. Einleitung

Die vorliegende Untersuchung befaßt sich mit einem in der jugendstrafrechtlichen Praxis häufig angewandten Verfahrensweg, der informellen Verfahrenseinstellung. Die hier behandelte Verfahrenseinstellung erfolgt durch den Jugendrichter. Nach einer allgemeinen Erörterung der informellen Verfahrensbeendigung im Jugendstrafrecht und einem Überblick über die dazu bekannt gewordenen Untersuchungen werden Entwicklung und Bedingungen des Rüsselsheimer Versuchs dargestellt. Die juristische Einordnung der hier erörterten Verfahrensbeendigung nach den Vorschriften des Jugendgerichtsgesetzes und der Strafprozeßordnung wird überprüft. In einem deskriptiven Abschnitt sind danach solche jugendliche und heranwachsende Straftäter Gegenstand der Untersuchung, deren Verfahren in einem Zeitraum von vier Jahren im Rahmen des Rüsselsheimer Versuchs eingestellt wurden. Daran anschließend wird die weitere Legalbewährung dieser Tätergruppe überprüft.

B. Einordnung des Rüsselsheimer Versuchs

I. Der Erziehungsgedanke im Jugendstrafrecht

Wurde der junge Mensch noch im 19. Jahrhundert als "halber" Erwachsener[1] gesehen und entsprechend strafrechtlich beurteilt, veränderte sich diese Auffassung zu Beginn des 20. Jahrhunderts zunehmend. So gelangte man zu der Erkenntnis, daß straffälliges Verhalten junger Menschen auch etwas mit deren Entwicklungsphasen zu tun hat, dem nicht nur mit Sanktion, sondern ebenso mit Erziehung zu begegnen sei. Diese Gedanken umsetzend, wurde 1923 in Deutschland das Jugendgerichtsgesetz eingeführt. Mit diesem "Spezialstrafrecht für Jugendliche" sollte ein Neben - oder Gegeneinander von Straf- und Erziehungsrecht verhindert werden[2] zugunsten einer Verknüpfung beider Ziele. Seit seinem Inkrafttreten unterliegt das Jugendgerichtsgesetz der kriminalpolitischen Diskussion. So wirft insbesondere das Spannungsverhältnis zwischen Strafe und Erzie-

---

[1] Böhm (1996, S. 5)
[2] Böhm (1996, S. 5)

hung eine Anzahl von Problemen auf mit der Fragestellung, was Erziehung im Hinblick auf das Jugendstrafrecht überhaupt bedeutet und welche Funktion diesem Begriff zukommt[3]. Dem Erziehungsgedanken weiter Rechnung tragend, wurden im Jahr 1953 durch Einfügung der §§ 45 und 47 JGG[4] dem Jugendstaatsanwalt sowie dem Jugendrichter weitere Möglichkeiten, auf strafbewehrtes Verhalten Jugendlicher informell erzieherisch in sinnvoller Weise zu reagieren, an die Hand gegeben. Hierdurch wurde die Durchbrechung des strafprozessualen Legalitätsprinzips ermöglicht[5]. Insgesamt bietet das JGG eine breite Auswahl von Sanktionen unterschiedlicher Eingriffsstärke. Nach §§ 45 und 47 kann die Einstellung eines Verfahrens entweder folgenlos oder nach Befolgung besonderer erzieherischer Maßnahmen vor oder im Hauptverfahren erfolgen.

II. Diversion

Bereits in den 60er Jahren dieses Jahrhunderts entstand in den USA eine Bewegung, die sich zum Ziel setzte, neuere kriminologische Theorien, wonach abweichendes Verhalten durch spezielle Definitions - und Zuschreibungsprozesse der Instanzen sozialer Kontrolle entsteht (Etikettierungsansätze[6]), kriminalpolitisch umzusetzen. Eine zur Erarbeitung kriminalpolitischer Lösungsvorschläge eingesetzte Kommission sprach sich 1967 dafür aus, das formelle Sanktionssystem auf Straftaten Jugendlicher und Heranwachsender zurückzudrängen, zugunsten weniger belastender aber effektiverer Maßnahmen[7]. Die aus dieser Überlegung entwickelten informellen Verfahren bezogen dabei auch solche Verhaltensbereiche Jugendlicher ein, die nach deutschem Strafrecht nicht relevant sind, freilich kriminalpolitisch als Anzeichen abweichenden Sozialverhalten gelten. Insbesondere sei hier das "Schuleschwänzen" und das "von zu Hause weglaufen" genannt. Durch weitreichende Befugnisse der Polizei konnten

---

[3]Schlüchter (1987, S. 29f); Ostendorf (1989, S. 91f); Viehmann (1989, S. 111f); Walter (1989, S. 59f)
[4]nachfolgend sind Paragraphen ohne Gesetzesangabe solche des Jugendgerichtsgesetzes
[5]Schaffstein (1985, S.939)
[6]Übersicht bei Bock (1995, S.75ff)
[7]Schlußbericht der President's Commission on Law Enforcement and Administration of Justice: Task Force Report: Juvenile Delinquency and Youth Crime, Washington D.C., 1967

Verfahren gegen Jugendliche schon in sehr frühem Stadium eingestellt werden[8]. Dieses Umleitungssystem um die Justiz herum wurde als Diversion bezeichnet.

Die nordamerikanische Diversionsbewegung wurde auch in Deutschland zur Kenntnis genommen und löste eine umfangreiche kriminalpolitsche Diskussion über die "richtige" Reaktion auf strafbares Verhalten Jugendlicher aus[9]. In der Erkenntnis, daß abweichendes Verhalten im Jugendalter etwas völlig normales sei[10] und Stigmatisierungseffekten entgegengewirkt werden müsse[11], fand Diversion auch in der Bundesrepublik immer mehr Anhänger. Diversion als Ablenkung, Umleitung oder Wegführung vom System formeller Sozialkontrolle verstanden, gilt heute als Sammelbegriff verschiedenster kriminalpolitischer Tendenzen. Die Literatur zur Diversion ist kaum noch zu übersehen.

Die Grundidee der Diversion kann seit Ende der 80er Jahre als herrschende Meinung bezeichnet werden[12], auch wenn kritische Stimmen immer wieder auf das Spannungsverhältnis zum Rechtsstaatsprinzip aufmerksam machen[13].

Jugendlichen sollen im Rahmen von Diversion Problemlösungshilfen aufgezeigt werden. Daneben soll auf Seiten der Justiz ein Abbau der Sozialkontrolle sowie eine Entlastung von Bagatellfällen erreicht werden[14]. Weiterhin ist durch eine schnelle Reaktion beabsichtigt, den Bezug zwischen Tat und Reaktion zu erhalten[15].

Auch in der Praxis hat sich der Diversionsgedanke durchgesetzt. Gefördert wurde dies unter anderem durch eingesetzte Arbeitsgruppen der Bundesländer sowie durch Erlasse und Rundverfügungen der Justizministerien der Länder. Diversionserlasse der Justizministerien liegen in nahezu allen Bundesländern vor[16]. So wurde und wird denn auch in einer

---

[8]Walter (1983, S.36)
[9]Grundlegend für die Rezeption der Diversion: Kury (1981)
[10]Kaiser (1989, S.308); Brunner/Dölling (1996, Einf. I Rdnr.5 m.w.N.)
[11]Kerner (1983, S.3)
[12]Deutsche Vereinigung für Jugendgerichte und Jugendgerichtshilfen [DVJJ] (1984, S. 151ff), Brunner/Dölling (1996, § 45 Rdnr.4)
[13] Kuhlen (1988); Brunner/Dölling (1996, § 45 Rdnr.11-15)
[14]Heinz (1990, S. 7); kritisch hierzu Janssen, der von einer Kontroll- und Sanktionserweiterung spricht (1983, S. 47)
[15]Heinz/Storz (1992, S. 8)
[16]Aufstellung in: Heinz (1994, S. 110 f.)

Vielzahl von Projekten das informelle Jugendstrafverfahren betrieben. Seinen vorläufigen gesetzgeberischen Höhepunkt fand die Diversionsdiskussion im "Ersten Gesetz zur Änderung des Jugendgerichtsgesetzes" (1. JGGÄndG) vom 30.8.1990. Dieses Reformvorhaben sah als eines seiner wesentlichen Ziele die "Stärkung der informellen Reaktionsmöglichkeiten von Jugendstaatsanwalt und Jugendrichter" an. Hiermit wollte man "den Ergebnissen der kriminologischen Forschung Rechnung tragen"[17]. Wenn Diversion vielfach als ein nordamerikanischer Importartikel verstanden worden ist[18], wird dabei verkannt, daß das deutsche Jugendstrafrecht seit Beginn dieses Jahrhunderts darauf angelegt war, Jugendliche vor Schäden durch ein Strafverfahren zu bewahren[19]. Das Jugendgerichtsgesetz von 1953 erweiterte bereits, zur Vermeidung von Freiheitsentzug bei jungen Straftätern, ambulant - erzieherische Maßnahmen in erheblichem Umfang. Die Möglichkeiten informeller Verfahrenseinstellung wurden erleichtert. Auf dem neunten Deutschen Jugendgerichtstag, welcher unmittelbar nach Inkrafttreten des JGG von 1953 stattfand, wies der Darmstädter Jugendrichter Karl Holzschuh in einem viel beachteten Referat bereits darauf hin, daß Erziehungsmaßregeln den "richtigen Weg zu weisen" haben. "Ein äußerer und innerer Zusammenhang mit der Tat erleichtert das Verständnis wesentlich"[20]. Durch die kriminalpolitische Diskussion über Diversion konnte eine Rückbesinnung auf den Grundgedanken des Jugendstrafrechts, nämlich Vorrang der Erziehung, erreicht werden[21]. Nicht das Strafziel "der Vergeltung, sondern die Verzeihung"[22] fand so Einzug in das Jugendstrafverfahren und folgte damit der allgemeinen Entwicklung einer "Entkriminalisierung" auf prozessualem Weg durch Zurückdrängung des traditionellen Strafrechts[23]. Jene Gedanken wurden von der Praxis aufgenommen. Durch die "Strafrechtsreform von unten" gewannen die Vorschriften nach §§ 45,47 im Jugendstrafverfahren wieder stärker an Bedeutung im Sinne einer "Diversionsbewegung". So war auch schon vor Inkrafttreten des 1. JGGÄndG die informelle Verfahrenseinstellung fester Bestandteil der jugendstrafrechtlichen Praxis. Bereits 1987

---

[17]Regierungsentwurf eines ersten Gesetzes zur Änderung des Jugendgerichtsgesetzes (1.JGGÄndG) vom 27.11.1989 (BT Drucksache 11/5829,S. 2)
[18]Walter (1983, S.32)
[19]Heinz/Storz (1992, S.15)
[20]Holzschuh (1955, S.165ff)
[21]Brunner/Dölling (1996, § 45, Rdnr.5)
[22]Ostendorf (1997, Grdl. z. §§ 45 u. 47 Rdnr. 4)
[23]Schaffstein (1985, S. 938)

wurden von insgesamt 209.000 sanktionierten Jugendlichen und Heranwachsenden nur knapp die Hälfte nach Durchführung des förmlichen Verfahrens mit einem Strafurteil belegt[24]. Eine Verurteilung junger Straftäter fand in der Praxis demnach weit weniger statt, als der Gesetzgeber noch 1953 für notwendig erachtete[25]. Die durch das 1. JGGÄndG erfolgten Änderungen der §§ 45 und 47 schreiben daher vornehmlich nur das fest, was die jugendstrafrechtliche Praxis ohnehin bereits anwendete[26] und dienten als Signal zur einheitlichen und gleichmäßigen Anwendung des informellen Verfahrens innerhalb des Bundesgebietes[27]. Letzteres erscheint deshalb notwendig, da die Einstellungspraxis der Jugendstaatsanwälte und Jugendrichter im Ländervergleich erhebliche Unterschiede aufwies[28]. Dem entgegenzuwirken, haben einige Bundesländer neben den Richtlinien zum JGG ergänzende Richtlinien erlassen[29]. Nicht durch die kriminalpolitische Diskussion über Diversion wurde daher ein Instrumentarium zur informellen Verfahrenserledigung geschaffen, sondern bereits bestehende Vorschriften im Licht der Diversionsbewegung mit neuem Leben erfüllt.

Gegner des Diversionsgedankens wenden immer wieder ein, daß diese Form der Verfahrenserledigung einen "net - widening" - Effekt, also die Ausweitung des Netzes sozialer Kontrolle, wie in den USA beobachtet, nach sich ziehen könnte. Damit bezeichnet man eine höhere Registrierung abweichenden Verhaltens, nicht durch deren tatsächlichen Anstieg in der Bevölkerung bedingt, sondern durch eine vermehrte Sozialkontrolle. Dies soll insbesondere dann gelten, wenn Diversion in Modellversuchen betrieben werde, die auf eine Intervention außerhalb der Jugendstaatsanwaltschaften und Jugendgerichte gerichtet sei. Gerade dann bestehe die Gefahr, daß durch erzieherische Maßnahmen Einfluß auf den Jugendlichen wegen einer Verfehlung genommen werde, die ansonsten keine justizielle Reaktion nach sich gezogen hätte. Deshalb wurde zu Recht darauf hingewiesen, daß gerade im Bereich der Minimalintervention durch die erweiterten Angebote des 1. JGGÄndG das Risiko eines sanktionserweiternden Effekts bestünde[30]. Diese Konsequenz konnte allerdings bis-

---

[24] Heinz (1989, S. 16ff)
[25] Heinz (1999, S. 6)
[26] Böttcher/Weber (1990, S. 562f)
[27] Bundestagsdrucksache (vom 27.11.1989 11/5829)
[28] Ostendorf (1997, Grdl. zu §§ 45 u. 47 Rdnr.7)
[29] Diemer/Schoreit/Sonnen (1999, § 45 Rdnr. 5)
[30] Janssen (1983, S.47)

her in Deutschland empirisch nicht belegt werden[31]. Dennoch ist nicht von der Hand zu weisen, daß gerade durch das erweiterte Maßnahmenangebot an die Jugendstaatsanwälte häufiger der Versuch unternommen werden könnte, durch Intervention, beispielsweise in Form eines Erziehungsgesprächs, erzieherisch einzuwirken und das Verfahren nicht sofort einzustellen. Andererseits könnte aber ein solcher net - widening - Effekt auf dieser Ebene durchaus wünschenswert sein, da das bloße "Vergeben" nicht unbedingt erzieherische Wirkung entfalten muß. Jeder sich an der Diversionsbewegung beteiligende Träger von Sozialkontrolle muß deshalb gehalten sein, die Verhältnismäßigkeit zwischen Tat und erzieherischer Maßnahme immer wieder kritisch zu überprüfen.

III. Vorhandene Untersuchungen

Da sich die folgenden Untersuchungen auf die informelle Verfahrenseinstellung vor 1990 beziehen, sollen zum besseren Verständnis die Änderungen der §§ 45, 47 vorgestellt werden.

§ 45, der die informelle Verfahrenseinstellung durch den Jugendstaatsanwalt regelt, weist ein neues Stufenverhältnis auf. Die folgenlose Einstellung des Verfahrens ohne weitere Maßnahme gegenüber dem jungen Straftäter ist nun in Abs. 1 geregelt. Inhaltlich wurde die folgenlose Einstellung nicht verändert. Sie gilt als die eingriffsschwächste Vorschrift. Die Einstellung des Verfahrens nach bereits durchgeführter oder eingeleiteter Erziehungsmaßnahme gegen den Jugendlichen findet sich weiterhin in § 45 Abs.2, der aber als zwingende Vorschrift ausgestaltet wurde und dem Staatsanwalt bei der Anwendung keinen Ermessensspielraum mehr zubilligt. Der alte § 45 Abs.1, also die Regelung über die Verfahrenseinstellung nach Einbindung des Jugendrichters in das informelle Verfahren, rückt nunmehr als neuer Abs. 3 an die letzte Stelle der Vorschrift.

§ 47 Abs.1 regelt die informelle Verfahrenseinstellung durch den Jugendrichter und verweist inhaltlich auf § 45.

Im Hinblick auf die Änderungen des § 45 wurde auch § 47 Abs.1 neu gefaßt und folgt systematisch dem Aufbau des § 45. Die neue Fassung spricht nicht mehr vom Angeklagten. Damit soll klargestellt werden, daß

---

[31] Dirnaichner (1990, S. 86ff); Kaiser (1993, S.92); Brunner/Dölling (1996, § 45 Rdnr.6)

§ 47 Abs.1 auch im Zwischenverfahren, also nach Abschluß der Ermittlungen der Staatsanwaltschaft und vor Eröffnung des Hauptverfahrens durch den Jugendrichter Anwendung finden kann[32]. Dem Jugendrichter ist es nach der neuen Regelung ausdrücklich gestattet, mit der Einstellung zu warten, bis die angeordneten Maßnahmen tatsächlich erfüllt wurden. Dabei darf er eine Frist von sechs Monaten nicht überschreiten. Ebenfalls ausdrücklich geregelt wurde, daß §§ 11 Abs.3 und 15 Abs.3, Satz 2 auf § 47 keine Anwendung finden. Werden Weisungen nicht erfüllt, darf daher kein Ungehorsamsarrest verhängt werden.

Die in diesem Abschnitt vorgestellten Untersuchungen basieren noch auf den Vorschriften vor den Änderungen vom 30.8.1990. Verweise auf Vorschriften erfolgen deshalb mit dem Zusatz "a.F." für "alte Fassung". Die eigene Untersuchung basiert auf den geänderten Vorschriften gemäß dem 1. JGGÄndG.

1. Untersuchung von Pfohl

Die erste empirische Untersuchung zur Legalbewährung nach Diversion erfolgte bereits im Jahr 1973 durch Pfohl[33]. Grundlage waren Ermittlungsakten der Staatsanwaltschaft Hamburg, die insgesamt 217 Jugendliche betrafen. Nach einer richterlichen Ermahnung erfolgte die Einstellung des Verfahrens durch die Staatsanwaltschaft gemäß § 45 Abs.1 a.F. Die Überprüfung der Legalbewährung der Probanden wurde durch Bundeszentralregisterauszüge - Auszüge nach einem Zeitraum von sechs Jahren und vier Monaten bzw. sieben Jahren und vier Monaten vorgenommen. Eine Kontrollgruppe wurde nicht gebildet.

Nach dieser Untersuchung wurden 43,8% der männlichen und 8,7% der weiblichen Probanden rückfällig[34].

2. Untersuchung von Feltes

Diese Untersuchung[35] aus dem Jahr 1983 befaßt sich neben der staatsanwaltlichen Entscheidungspraxis auch mit der des Jugendrichters. Untersucht wurden Einstellungsart und Einstellungsumfang. Grundlage der Untersuchung bildeten die Geschäftsanfall- sowie die Strafverfolgungs-

---

[32] Böttcher/Weber (1990, S. 563)
[33] Pfohl (1973)
[34] Pfohl (1973, S. 38)
[35] Feltes (1983)

statistik 1980 der Staatsanwaltschaft und des Jugendgerichts in Hamburg. Feltes bildete dabei Deliktsgruppen, eine Trennung von Jugendlichen und Heranwachsenden erfolgte nur zum Teil. Die Untersuchung war nicht als eine Rückfalluntersuchung angelegt, sondern sollte nur die Sanktionspraxis in Hamburg darstellen und mit anderen Bundesländern vergleichen. Feltes zeigte auf, daß richterliche Einstellungen nach § 47 a. F. in Hamburg im Vergleich zum Bundesdurchschnitt und allen anderen Bundesländern um vier Prozentpunkte häufiger erfolgten.

3. Untersuchung von Pfeiffer

Gegenstand der Untersuchung von Pfeiffer[36] ist der Einfluß von jugendrichterlichen Entscheidungen auf abweichendes Verhalten Jugendlicher und Heranwachsender. In einem Quasi- Experiment wurden Verfahrens- und Sanktionsstile von 12 Jugendrichtern in München untersucht. Hierfür wurden zwei Gruppen gebildet, die A- Richter und die B- Richter, welche sich durch die höchsten bzw. niedrigsten Quoten für Jugendarrest und Jugendstrafe ohne Bewährung unterschieden. Zufällig ergaben sich auch Unterschiede in der informellen Sanktionspraxis der A- und B- Richter. Nach Beginn des Brücke- Projekts[37] machten in 47,2% der Fälle die A- Richter und nur in 24,3% der Fälle die B- Richter von den Möglichkeiten des § 47 a.F. Gebrauch[38]. Abweichendes Verhalten wurde anhand der Betreuungsweisung im Rahmen des Brücke- Projekts und des Rückfalls der Jugendlichen und Heranwachsenden untersucht und in Korrelation zu der Kommunikations- und Sanktionspraxis der beiden Richtergruppen gesetzt. Rückfällig wurden danach 23,9% der durch die A-Richter sanktionierten Jugendlichen und Heranwachsenden und 33,5% der durch die B- Richter Sanktionierten[39]. Die Rückfalluntersuchung trennte weder nach Art der Erstsanktion, noch wurde eine Aufteilung in informelle und formelle Verfahren vorgenommen. Die Zuteilung der jungen Straftäter in der A- Richtergruppe und B- Richtergruppe erfolgte nach dem Buchstaben - Verteilungsplan und damit nach dem Zufallsprinzip. Pfeiffer sah hierdurch die Homogenität der Gruppen als hinreichend gesichert an[40]. Die familiäre Anamnese der Jugendlichen und Heranwachsen-

---

[36]Pfeiffer (1983)
[37]näher hierzu Pfeiffer (1983, S.119ff)
[38]Pfeiffer (1983, S. 242)
[39]Pfeiffer (1983, S. 307)
[40]kritisch hierzu Heinz/Storz (1992, S. 54), die anführen, daß dies noch nichts über die

den im Hinblick auf Homogenität der Gruppen wurde nicht überprüft. Schließlich erfolgte keine Trennung von Jugendlichen und Heranwachsenden. Die Annahme idealer Voraussetzungen war daher nicht gerechtfertigt[41].

4. Untersuchung von Heinz / Hügel

Diese Untersuchung[42] befaßt sich neben einer Bestandsaufnahme der Sanktionspraxis u.a. mit der spezialpräventiven Wirksamkeit der informellem Verfahrenserledigung sowie der formellen Verfahrensbeendigung. So wurden nach Zufallsauswahl 1134 Akten aus Jugendstrafverfahren des Jahres 1980 als repräsentative Stichprobe für das damalige gesamte Bundesgebiet einschließlich Berlin - West ausgewertet, die mit einer Einstellung nach §§ 45,47 a.f. einerseits oder einer rechtskräftigen Verurteilung zu einer ambulanten Maßnahme andererseits endeten. Erfaßt wurden Jugendliche und zum Teil auch Heranwachsende. Die Stichprobe setzte sich aus allen Eintragungen des Bundeszentralregisters zusammen, soweit die Kriterien, Geburtsjahrgänge 1961-1966 und mindestens eine Eintragung im Jahr 1980, erfüllt waren. Vorbelastung und Straffälligkeit wurden anhand von Erziehungs- und Strafregisterauszügen überprüft. Das Verhältnis zwischen Verurteilungen zu ambulanten Maßnahmen und Einstellungen betrug danach 42,5% zu 57,5%[43], von letzterem entfielen 28,5% auf die richterliche Verfahrenseinstellung nach § 47 a.F. und 29% auf die Einstellung nach § 45 a.F[44]. 33,7% der Täter ohne Vorbelastung und mit einer informellen Verfahrenseinstellung nach § 47 a.F. wiesen eine negative Legalbewährung auf. Bei einer erfolgten Einstellung nach § 45 a.F. lag die negative Legalbewährung bei 31,8%. Mit dieser Untersuchung wurde erstmals eine flächendeckende Bestandsaufnahme über das damalige Bundesgebiet erstellt.

Verteilung der Geschlechts- und Schichtzugehörigkeit innerhalb beider Gruppen aussage
[41]So aber Pfeiffer (1983, S.305)
[42]Heinz/Hügel (1987)
[43]Heinz/Hügel (1987, S.27)
[44]Heinz/Hügel (1987, S.30)

5. Untersuchung von Kalpers-Schwaderlap

Ziel der als Vergleichsgruppen - Untersuchung angelegten Studie[45] ist unter anderem die Überprüfung der Legalbewährung nach erfolgter Einstellung gemäß § 45 a.f durch den Staatsanwalt. Untersucht wurden Verfahrensakten der Staatsanwaltschaften bei den Landgerichten Koblenz und Mainz aus dem Jahr 1983. Die Einstellungsquoten beider Staatsanwaltschaften unterschieden sich dabei erheblich. Untersuchungsgegenstand waren jeweils 100 Strafverfahren gegen Jugendliche wegen einfachen Diebstahls und einer Schadenshöhe von höchstens DM 200.-.
Zwar konnte durch die Untersuchung nicht bestätigt werden, daß bei folgenloser Einstellung eine bessere Legalbewährung als im förmlichen Verfahren zu erwarten ist. Die Ergebnisse legten aber den Schluß nahe, daß auch keine schlechtere Legalbewährung die Folge war[46].

6. Untersuchung von Matheis

In einer empirischen Studie aus dem Jahr 1991 untersucht Matheis den spezialpräventiven Effekt verschiedener Verfahrenserledigungen bei jugendlichen Ersttätern[47].

Matheis, zum Zeitpunkt der Untersuchung selbst Staatsanwalt im Jugenddezernat der Staatsanwaltschaft bei dem Landgericht in Kaiserslautern, überprüfte die unterschiedlichen Handlungsweisen von zwei Jugenddezernenten dieser Staatsanwaltschaft in den Jahren 1984 und 1986. Untersucht werden sollte dabei insbesondere die Frage, "welche erste justizielle Reaktion auf straffälliges Verhalten jugendlicher Ersttäter aus spezialpräventiven Gesichtspunkten vor dem Anspruch des im JGG postulierten Vorrangs des Erziehungsgedankens erzieherisch vertretbar und/oder geboten erscheint"[48].

Untersuchungsgegenstand waren zwei Vergleichsgruppen, bestehend aus 285 Verfahrensakten des Jahres 1984 und 215 Verfahrensakten aus dem Jahr 1986. Zuständiger Jugenddezernent für die Verfahrensakten des Jahres 1986 war Matheis selbst.

Auf Anregung der Jugendgerichtshilfe Kaiserslautern im Jahr 1985 wurde im Landgerichtsbezirk Kaiserslautern ein Diversionsmodell eingeführt.

---

[45] Kalpers-Schwaderlapp (1989)
[46] Kalpers-Schwaderlapp (1989, S. 216)
[47] Matheis (1991)
[48] Matheis (1991, S.19)

Hierbei sollte es sich um "intervenierende Staatsanwaltsdiversion" handeln. Im Gegensatz zu einer "Diversion to nothing[49]" war beabsichtigt, auf delinquentes Verhalten von Ersttätern durch den Staatsanwalt pädagogisch zu reagieren[50]. Die Untersuchung bestätigte die Eingangshypothese, daß intervenierende Diversion zu einer besseren Legalbewährung führe als die Nonintervention. So lag die Rückfallquote der Vergleichsgruppe des Jahres 1984 bei 25%, die einer intervenierenden Diversion zugeführten Probanden wurden dagegen nur in 15,8% der Fälle rückfällig[51].

Entgegen anderer Vergleichsgruppen - Untersuchungen konnten die Vergleichsgruppen trotz Einschränkungen als homogen bezeichnet werden. Ob das von Matheis festgestellte Ergebnis jedoch auf die Vorzüge einer intervenierenden Diversion zurückgeführt werden kann, begegnet Bedenken. Matheis füllte während des Untersuchungszeitraums der Vergleichsgruppe 1986 eine Doppelrolle aus. Zum einen gestaltete er maßgeblich die intervenierende Diversion als zuständiger Jugenddezernent der Staatsanwaltschaft und entschied über die zu treffenden Erziehungsmaßnahmen, zum anderen war er der Untersuchende, der die Ergebnisse dieser Diversionsmethode auswertete.

7. Untersuchung von Heinz / Storz

Die als Kohortenstudie angelegte Untersuchung[52] aus dem Jahr 1992 baut direkt auf der Studie von Heinz / Hügel auf[53] mit dem Ziel, die Ergebnisse der Voruntersuchung zu überprüfen und abzusichern. Darüber hinaus sollte untersucht werden, wie die Strafrechtspflege auf wiederholte und intensive Straffälligkeit im Jugend - und Heranwachsendenalter reagiert. Man erhoffte sich auch Aussagen über einen möglichen Zusammenhang zwischen unterschiedlichen Reaktionsstrategien und der Verfestigung oder Auflösung krimineller Karrieren[54]. Gegenstand der Untersuchung war ein Datensatz aus dem Bundeszentralregister des Geburtsjahrgangs 1961. Erfaßt wurden alle Jugendlichen, deren Verfahren mit einer Ein-

---

[49]hierunter versteht man die Verfahrenseinstellung ohne vorherige Anordnung von Maßnahmen
[50]Matheis (1991, S. 53f)
[51]Matheis (1991, S. 147)
[52]Heinz/Storz (1992)
[53]Heinz/Storz (1992, S.133)
[54]Heinz/Storz (1992, S.135)

stellung nach §§ 45,47 a.F. oder mit einer Verurteilung endeten und die mindestens eine Eintragung bis einschließlich 1980 aufwiesen. Insgesamt konnte die Untersuchung die Ergebnisse der Studie von Heinz / Hügel bestätigen. Insbesondere die regional unterschiedliche quantitative Sanktionspraxis bei informellen Verfahrenseinstellungen nach §§ 45, 47 a.f. konnte bestätigt werden[55]. Aber auch bei einer getrennten Untersuchung nach Geschlecht und Alter konnte eine unterschiedliche Sanktionspraxis festgestellt werden. So wurden Verfahren gegen weibliche Erstsanktionierte häufiger eingestellt als bei der männlichen Tätergruppe. Waren die Delinquenten unter 15 Jahren, erfolgte um 7 % häufiger eine informelle Verfahrensbeendigung als bei der Tätergruppe der 17 - bis unter 18jährigen[56]. Bei wiederholter Straffälligkeit konnte festgestellt werden, daß mit zunehmender Anzahl der Eintragungen die informelle Einstellung als Verfahrensbeendigung abnahm und es häufiger zu einer formellen Verfahrenserledigung kam[57]. Solche Kohortenstudien unterliegen jedoch einer kritischen Betrachtung. Zum einen besteht der Datensatz, der untersucht wird, aus Akten unterschiedlicher Behörden und dadurch bedingter uneinheitlicher Datenerhebung und deren Gewichtung[58], zum anderen erfolgt keine Beleuchtung des Umfeldes des Probanden, so daß wesentliche Wirkungszusammenhänge unberücksichtigt bleiben[59].

8. Untersuchung von Hock-Leydecker

Die empirische Studie[60] aus dem Jahr 1993 untersucht die Kriterien von Entscheidungsträgern, ein informelles oder formelles Verfahren durchzuführen. Weiterhin beschäftigt sich die Untersuchung mit der Verfahrensvorbereitung. Schließlich werden Aussagen über die Verfahrensdauer und die Legalbewährung beider Verfahren getroffen.
Untersucht wurden Einstellungen durch Staatsanwälte und Jugendrichter nach §§ 45,47 a.f. und §§ 153,153a StPO bei Jugendlichen im Landgerichtsbezirk Frankenthal / Pfalz im Jahr 1985. Die Legalbewährung wurde nach 4 Jahren überprüft. Als Vergleichsgruppe dienten Verfahren des Jah-

---

[55] Heinz/Hügel (1987,S.79); Heinz/Storz (1992, S.45, 153)
[56] Heinz/Storz (1992, S.148f)
[57] Heinz/Storz (1992, S.151)
[58] Schwind (1998, S.147)
[59] Bock (1994, S.99)
[60] Hock-Leydecker (1994)

res 1985, die mit einer Verurteilung endeten. Insgesamt lagen der Untersuchung 533 Verfahren zugrunde.

Hock-Leydecker kam zu dem Ergebnis, daß in 37,5% aller Verfahren keine Sanktion oder nur eine isolierte Ermahnung erfolgte, also vor der "großen Diversionskampagne", wie Hock-Leydecker die kriminalpolitischen Diversionsbestrebungen Ende der 80er Jahre nennt, bereits ca. ein Drittel aller Verfahren einer "diversion to nothing" zugeführt wurde[61]. Die Ergebnisse der Untersuchung bestätigten die Eingangshypothesen allerdings nur teilweise. Hervorzuheben ist, daß das Alter zur Tatzeit, das Geschlecht sowie die Nationalität in der Regel bei der Wahl der Verfahrensart keine Rolle spielten. Dies widersprach bezüglich des Alters und Geschlechts den Ergebnissen der Untersuchung von Heinz / Storz. Dagegen konnte festgestellt werden, daß ein Zusammenhang zwischen der Art der Verfahrenseinstellung und einer Vorbelastung des Delinquenten bestand. Hock-Leydecker kam auch zu dem Ergebnis, daß grundsätzlich kein informeller Kontakt zwischen Jugendstaatsanwalt bzw. Jugendrichter und den anderen Verfahrensbeteiligten hergestellt wurde. Andererseits bestätigte sich nicht die Hypothese, daß die Entscheidungspraxis der Gerichte nicht einheitlich ist. Hock-Leydecker konnte einen Zusammenhang zwischen der Verfahrensart und anschließender Legalbewährung nachweisen. Insbesondere galt dies für den Rückfallzeitraum, der Schwere der Rückfalltaten und der Art der Sanktion anläßlich der Rückfalltat[62]. Die Rückfallquote bei einer informellen Verfahrenserledigung lag bei 28,6%[63] bei einer vorausgegangenen Verurteilung dagegen bei 46,2%[64].

IV. Diversionsmodelle in Hessen

Neben dem Rüsselsheimer Versuch entstanden während des Untersuchungszeitraums drei weitere Diversionsprogramme, welche allesamt unter ausdrücklicher Genehmigung des Hessischen Ministeriums der Justiz durchgeführt wurden. Am Beispiel dieser Versuche sollte die Bereitschaft der am Jugendstrafverfahren Beteiligten erhöht werden, in jedem Landgerichts - und evtl. Amtsgerichtsbezirk Gesprächskreise zu initiieren, um

---

[61]Hock-Leydecker (1994, S.183)
[62]Hock-Leydecker (1993, S.183 f.)
[63]Hock-Leydecker (1993, S.152)
[64]Hock-Leydecker (1993, S. 151)

Diversionsmöglichkeiten voranzutreiben[65]. Sämtliche Diversionsmodelle werden auch heute noch betrieben. Empirische Untersuchungen, die insbesondere Aussagen über die Legalbewährung treffen könnten, liegen zu den anderen Modellen jedoch nicht vor.

1. Das Fuldaer Modell

Anhand allgemeiner Kriterien und eines Straftatenkatalogs trifft die Polizei eine Vorauswahl geeigneter Delinquenten. Innerhalb von zwei Wochen sollen alle erheblichen Umstände der Tat beschleunigt ermittelt und mit stichwortartigen Feststellungen an die Staatsanwaltschaft weitergeleitet werden. Von diesem Bericht erhält die Jugendgerichtshilfe einen Durchschlag und ist aufgefordert, sich ebenfalls binnen einer Frist von zwei Wochen zu äußern. Erst dann entscheidet der Staatsanwalt, ob und wie das informelle Verfahren durchgeführt wird. In geeigneten Fällen führt der Staatsanwalt dann ein Erziehungsgespräch mit dem Delinquenten durch. Danach wird das Verfahren durch den Staatsanwalt nach § 45 Abs. 2 eingestellt.

Es ist fraglich, ob diese Vorgehensweise tatsächlich zu einer Verfahrensbeschleunigung führt, da polizeiliche Ermittlungen im Bereich von Bagatelldelikten, leichter und mittelschwerer Kriminalität bei einem geständigen Täter ohnehin nicht länger andauern dürften. Ob auch eine beschleunigte Vorgehensweise des Staatsanwalts bei seiner Prüfung erfolgt, ist daraus nicht zu entnehmen.

2. Das Offenbacher Modell

Auch hier überprüft die Polizei anhand der oben aufgeführten Kriterien, ob das delinquente Verhalten eines Jugendlichen diversionsgeeignet ist. Der Vorgang wird sodann unverzüglich an die Staatsanwaltschaft geschickt. Soll keine informelle Verfahrenserledigung erfolgen, unterrichtet der Staatsanwalt umgehend den zuständigen polizeilichen Sachbearbeiter. Im Rahmen der Vernehmung erfolgt in den geeigneten Fällen eine Belehrung durch die Polizei und ein Ermahnungsgespräch. Soweit erforderlich, werden auch die Erziehungsberechtigten miteinbezogen. Im Abschlußvermerk werden dann eine Empfehlung zur Einstellung oder Fortsetzung

---

[65] unveröffentlicher Erlaß des Hessischen Ministeriums der Justiz vom 2. Februar 1993

des Verfahrens niedergelegt und möglicherweise weitere Erziehungsmaßnahmen angeregt. Der Staatsanwalt entscheidet dann nach § 45[66]. Bei diesem Modell wird die Jugendgerichtshilfe nicht in das Verfahren einbezogen.

3. Das Bensheimer Modell

Dieses Modell hat seinen Schwerpunkt in einem durch die Jugendgerichtshilfe durchgeführten Gespräch mit dem Jugendlichen, nachdem die Staatsanwaltschaft eine Vorauswahl von diversionsgeeigneten Verfahren vorgenommen und diese beschleunigt an die Jugendgerichtshilfe weitergeleitet hat. In diesem Gespräch, welches selbst nicht als erzieherische Maßnahme im Sinne des JGG zu verstehen ist, wird entweder sofort eine sanktionslose Einstellung des Verfahrens durch die Staatsanwaltschaft befürwortet oder es werden nach telefonischer Rücksprache mit der Staatsanwaltschaft weitere Erziehungsmaßnahmen als Voraussetzung einer Verfahrenseinstellung vorgeschlagen, welche durch die Staatsanwaltschaft dann gemäß § 45 Abs.2 und 3 angeordnet werden[67].

V. Der Rüsselsheimer Versuch

In der vorliegenden Untersuchung soll ein nunmehr seit 1985 laufender Versuch vorgestellt werden, der die informelle Verfahrenseinstellung durch den Jugendrichter mit einer schnellen Reaktion auf die Tat und einer geringen Belastung für den Jugendlichen und Heranwachsenden zu verbinden versucht.

Bereits vor Beginn des Diversionsversuchs bestand im Amtsgerichtsbezirk Rüsselsheim ein besonders enger Kontakt zwischen allen an einem Jugendstrafverfahren beteiligten Institutionen. Daraus resultierte, daß der durchschnittliche Zeitraum zwischen Tat und Hauptverhandlung vor dem

---

[66]Hier liegt keine "Polizeidiversion" im eigentlichen Sinn vor, sondern der Staatsanwalt bedient sich für die Durchführung des Ermahnungsgesprächs und zur Prüfung einer Einstellung nach § 45 der Polizei, es handelt sich daher wohl nicht um eine Verfahrensweise contra legem. Zu "Polizeidiversion"siehe Brunner/Dölling (1996, § 45 Rdnr.12)

[67]Auch hier bleibt der Staatsanwalt Herr des Verfahrens. Hierzu auch Brunner/Dölling (1996, § 45 Rdnr.13)

Jugendrichter im formellen Verfahren unter dem Bundesdurchschnitt lag. In der Regel betrug die Verfahrensdauer drei Monate[68]. Angeregt durch die kriminalpolitische Diskussion über Diversion und ihre Zielsetzung in den 80er Jahren erwuchs der Gedanke, das jugendstrafrechtliche Verfahren so zu gestalten, daß effektiver auf Jugendliche und Heranwachsende reagiert werden kann. Zielsetzung dieses noch heute praktizierten Versuchs ist die Vermeidung formeller Sozialkontrolle durch Verurteilung und eine schnelle Reaktion auf die Tat, um so erzieherischen Einfluß auf den jungen Straftäter nehmen zu können. Anders als bei anderen Versuchsmodellen zu Diversion erfolgt kein Austausch der Träger der Sozialkontrolle. Die bisher am Verfahren beteiligten Institutionen nehmen ihre Aufgabe auch im Rahmen des Rüsselsheimer Versuchs wahr. Hierdurch kann zum einen an bereits bestehende gute Verbindungswege angeknüpft werden, zum anderen werden die Pensenzahlen, welche direkten Einfluß auf die Personalzahl am Amtsgericht Rüsselsheim haben, nicht verändert, da die informelle Verfahrenseinstellung durch den Jugendrichter und nicht durch den Staatsanwalt erfolgt.

C. Empirische Untersuchung

I. Untersuchungszweck

Diversion war eines der herausragenden Themen in der Jugendkriminalpolitik der 80er Jahre und steht auch heute noch in der Diskussion. Das Jugendkriminalrecht verfolgt dabei für die einen das spezialpräventive Ziel, zu einer Verringerung von Delinquenz zu führen. Soll das Jugendstrafrecht Mittel zum Zweck sein, so muß das spezialpräventive Ziel aber einer empirischen Überprüfung zugänglich sein[69]. Andere sehen im Jugendstrafrecht, insbesondere in Diversion, die Möglichkeit, erzieherisch sinnvoll auf "normale Jugendkriminalität" im Sinne eines Probierverhaltens zu reagieren[70]. Gleich welche Ansicht vertreten wird, kann durch empirische Sozialforschung das Erreichen des Ziels festgestellt werden,

---

[68]Diedrich (1987, S. 115)
[69]Dölling (1995, S. 143)
[70]Göppinger (1997, S. 630)

zumindest jedoch ausgeschlossen werden, daß das eingesetzte Mittel kontraproduktiv wirkt.
Die vorliegende empirische Untersuchung soll deshalb einen Beitrag zur Überprüfung der jugendstrafrechtlichen Zielsetzung bei Diversion leisten.

1. Darstellung des Projekts
Mit der vorliegenden Arbeit beabsichtigt die Verfasserin die systematische Darstellung eines Diversionsprojekts. Es soll überprüft werden, ob die dem Versuch zu Grunde liegenden theoretischen Vorgaben in der Praxis eingehalten wurden.

2. Beschreibung von Täter und Tat
Daneben sollen die jugendlichen und heranwachsenden Delinquenten anhand von täterbezogenen Merkmalen beschrieben werden. Die weitere Darstellung von Tat - und Verfahrensmerkmalen dient der Überprüfung der theoretischen Ansätze im Hinblick auf deren Tauglichkeit als Selektionskriterium für ein Diversionsmodell.

3. Legalbewährung
Ziel der Arbeit ist schließlich die Überprüfung der Legalbewährung der den Rüsselsheimer Versuch durchlaufenden Jugendlichen und Heranwachsenden.

II. Wahl der Untersuchungsmethode

Die kriminologische Methodenlehre kennt eine Vielzahl von Untersuchungsarten. Hierbei lassen sich zwei Grobeinteilungen treffen, die qualitative und die quantitative Untersuchungsmethode. Die qualitative Untersuchungsmethode ist dabei vom Verstehen menschlichen Handlungsablaufs geprägt. Sie versucht, ohne vorherige Festlegungen offen und nicht standardisiert die Wirklichkeit zu begreifen. Eine Auswertung dieser Methode erfolgt durch Beschreibung und Bildung von Idealtypen.
Die quantitative Methodenlehre versucht dagegen menschliche Handlungsabläufe zu erklären. Hierfür werden vor Beginn einer Untersuchung Hypothesen erarbeitet und der Untersuchungsablauf festgelegt. Der quan-

titative Untersuchungsansatz ist in der Regel klar strukturiert und arbeitet mit einem standardisierten Forschungsplan[71].
Wie sich bereits aus den vorgestellten Untersuchungen zu Diversion ergibt, wird in der Regel bei Rückfalluntersuchungen die quantitative Untersuchungsmethode bevorzugt. Dies folgt daraus, daß klare Aussagen, häufig mit kriminalpolitischem Hintergrund, getroffen werden sollen.
Nach Durchsicht der einschlägigen Literatur und der bereits zu Diversion erfolgten Untersuchungen ergab sich die Frage, ob Forschungshypothesen zu bilden waren. Eine solche Vorgehensweise ist unerläßlich, wenn anhand der Forschungsergebnisse menschliche Handlungsweisen erklärt werden sollen. Die Ergebnisse dienen in diesem Fall der Überprüfung der zuvor festgelegten Hypothesen. Diese Vorgehensweise birgt jedoch in erheblichem Maße die Gefahr in sich, daß einzelne Faktoren, insbesondere bei der Frage der Legalbewährung, isoliert betrachtet und nur im Hinblick auf die zuvor aufgestellten Hypothesen beurteilt werden. Dies gilt um so mehr, wenn man davon ausgeht, daß Kriminalität im Jugendalter aus dem Zusammenspiel der unterschiedlichsten Faktoren - aus dem persönlichen Umfeld des Täters, aber auch aus wirtschaftlichen, sozialen und kulturellen Verhältnissen und nicht zuletzt aus seinen Anlagen - herrührt[72]. Gegen die Bildung von Hypothesen sprach zudem, daß für die Untersuchung keine Vergleichsgruppe gebildet wurde.
Die Verfasserin hat sich deshalb zu einer deskriptiven Arbeit entschieden. Es wird nicht versucht, Kriminalität und Rückfall in jungem Alter zu erklären.

1. Die Aktenanalyse

Die Datenerhebung erfolgte anhand einer Aktenanalyse, was als die am häufigsten verwendete quantitative Forschungsmethode in der Kriminologie bezeichnet werden kann[73]. Dies folgt daraus, daß eine erhebliche Anzahl von Daten auf lange Zeiträume hin in Akten aufbewahrt werden und damit der Wissenschaft zugänglich gemacht werden können[74]. Darüber

---

[71]Tabellarische Übersicht bei Bock (1995, S.30)
[72]Zu den theoretischen Ansätzen über die Entstehung von Kriminalität siehe Göppinger (1997, Teil II)
[73]Herrmann (1988, S.863)
[74]Nach Nr.185 Abs.3 der Richtlinie für das Straf- und Bußgeldverfahren, (abgedruckt in Kleinknecht: Kommentar zur StPO 34. Auflage München 1979) wird für wissenschaftliche Vorhaben unter bestimmten Voraussetzungen Akteneinsicht gewährt.

hinaus sind Akten relativ einfach zu lesen und beinhalten aufgrund ihrer Standardisierung vergleichbares Datenmaterial. Dabei darf jedoch nicht verkannt werden, daß die Aktenwirklichkeit nur die subjektive Wahrheit des Datenproduzenten wiedergibt. Die Erhebung der Daten unterliegt daher einer selektiven Wahrnehmung und wird damit bereits vorab gefiltert[75]. Einer Aktenerhebung folgt im allgemeinen statistisches Datenmaterial, das bei einer Rückfalluntersuchung gegenübergestellt wird, verbunden mit dem Versuch, Signifikanzen und Korrelationen aufzuzeigen. Ob aus dem statistischen Ergebnis dann jedoch Rückschlüsse für den Einzelfall gezogen werden können, ist überaus umstritten. So wird der berechtigte Einwand erhoben, der Einzelfall müsse gerade nicht mit dem statistischen Ergebnis übereinstimmen und Folgerungen aus dem statistischen Ergebnis für den Einzelfall könnten sich sogar kontraproduktiv auswirken[76].

Für eine Aktenerhebung spricht, daß sie ohne die Mitwirkung des Probanden erfolgen kann. Auch ein Wegzug des Probanden aus dem Wohnort steht in diesem Fall einer Untersuchung nicht im Wege.

Maßgebend für die Entscheidung zur Durchführung einer Aktenerhebung war aber die recht umfassende Gestaltung des polizeilichen Ermittlungsprotokolls bei jugendlichen Tatverdächtigen. Die Polizei ist angewiesen, neben der Tat selbst Anlaß und Motiv der Tat, die Einstellung des Jugendlichen oder Heranwachsenden zur Tat sowie die persönlichen und sozialen Hintergründe vor, bei und nach der Tat zu ermitteln. Hieraus ergab sich ein Bild des Probanden, wonach zumindest teilweise davon ausgegangen werden muß, daß die Daten von dem Jugendlichen oder Heranwachsenden selbst mitgeteilt wurden und die subjektive Wahrheit des Datenproduzenten in diesen Bereichen durchbrochen war.

Da sich die Datenerhebung nicht an Forschungshypothesen orientierte, wurden alle Daten, die der Akte zu entnehmen waren, erhoben ohne Rücksicht darauf, ob hierzu später eine Auswertung erfolgen würde.

Ein unterschätztes Problem im Rahmen der Aktenanalyse bestand in der erforderlichen Genehmigung des Hessischen Ministeriums der Justiz gemäß § 33 Abs. 1 des Hessischen Datenschutzgesetzes. Am 2.Juli 1997 beantragte die Verfasserin die entsprechende Genehmigung bei dem Leitenden Oberstaatsanwalt beim Landgericht Darmstadt. Mit Schreiben vom 9.Oktober 1997 wurde durch den Leitenden Oberstaatsanwalt mitgeteilt,

---

[75] Dölling (1984, S.269)
[76] Bock (1997, S.15f)

daß das Ministerium durch Erlaß dem Akteneinsichtsgesuch stattgegeben habe. Es vergingen weitere sechs Monate, bis benötigte Akten durch die Staatsanwaltschaft Darmstadt zur Verfügung gestellt werden konnten. Für die Aktenanalyse standen Duploakten der staatsanwaltlichen Handakten zur Verfügung. Diese Duploakten wurden zum Zwecke einer späteren Auswertung des Rüsselsheimer Versuchs geführt und wurden beim Amtsgericht Rüsselsheim aufbewahrt. Sie enthielten neben der polizeilichen Vernehmung und der Antragsschrift der Staatsanwaltschaft auch zum Teil das standardisierte Protokoll des Erziehungsgesprächs, die Einstellungsverfügung des Gerichts sowie den Nachweis über abgeleistete Auflagen. Allen Akten war eine handschriftliche Liste des Jugendrichters beigelegt, aus der sich die Straftat und die Schadenshöhe ergab. Auch konnte daraus entnommen werden, ob die Jugendgerichtshilfe und/oder Angehörige des Delinquenten beim Erziehungsgespräch anwesend waren. Darüber hinaus enthielt die Liste Angaben über die getroffene Erziehungsmaßnahme und deren Erfüllung. In einigen Fällen enthielt die Liste auch Anmerkungen zu getroffenen Erziehungsmaßnahmen durch die Erziehungsberechtigten. Schließlich erfolgten Angaben über den Tag des Erziehungsgesprächs und den Eingang der staatsanwaltlichen Antragsschrift bei Gericht.

Soweit Duploakten unvollständig waren, wurden die fehlenden Daten anhand der Verfahrensakten der Staatsanwaltschaft Darmstadt ergänzt. Durch den Rückgriff auf diese Akten konnten gleichsam stichprobenartig Daten der Duploakten auf ihre Übereinstimmung mit den Akten der Staatsanwaltschaft überprüft werden.

Schließlich standen für die Untersuchung der Legalbewährung noch anonymisierte Auszüge aus dem Bundeszentralregister und dem Erziehungsregister zur Verfügung.

Zur Vermeidung einer unterschiedlichen Leseart der Akten, wurde die Datenerhebung ausschließlich durch die Verfasserin selbst vorgenommen. Die Datenerhebung erfolgte mittels eines voll standardisierten Erhebungsbogens, der als Anhang abgedruckt ist. Seine Erstellung lehnte sich dabei an die Untersuchung von Hock-Leydecker[77] an, unter Berücksichtigung der Besonderheiten des Verfahrensablaufs des Rüsselsheimer Versuchs. Durch die Anlehnung des verwendeten Erhebungsbogens an die Untersuchung von Hock-Leydecker waren bereits eine Anzahl von Parametern auf ihre Reliabilität sowie Validität in einer empirischen Untersuchung zur

---

[77] Hock-Leydecker(1994, S.199ff)

informellen Verfahrenseinstellung getestet worden. Da der Erhebungsbogen jedoch darüber hinaus die Besonderheiten des Rüsselsheimer Versuchs berücksichtigte und deshalb weitere Parameter enthielt, wurden zwei Probedurchläufe für die Erstellung des Erhebungsbogens unternommen. Nach der Erfassung von 50 Verfahrensakten wurde der Erhebungsbogen ergänzt. Eine zweite Anpassung erfolgte nach der Durchsicht von weiteren 150 Verfahrensakten.
Eine solche Vorgehensweise war deshalb wichtig, da sich die Datenerhebung nicht an vorher aufgestellten Arbeitshypothesen orientierte. Durch diese Vorgehensweise war hinreichend gesichert, daß sämtliche in den Akten befindlichen Daten, die für die Untersuchung von Bedeutung sein könnten, erfaßt würden. Dabei wurde die Erhebung von nicht relevanten Daten in Kauf genommen. Zwar besteht so das Risiko des Schaffens eines "Datenfriedhofs", andererseits wird vermieden, daß Daten, welche zu Beginn der Erhebung als nicht relevant oder gar nicht existent eingestuft werden und deren Bedeutung erst während der Untersuchung hervortritt, verloren gehen.
Die statistische Auswertung des Erhebungsbogens erfolgte mittels des französischen Datenverarbeitungsprogramms EOLE durch das internationale Marktforschungsinstitut "Müller & Associati" in Mailand, Italien.

2. Das Interview

Es stellte sich die weitere Frage, für die Studie lediglich eine Aktenanalyse zu Grunde zu legen, oder ob qualitative Erhebungsmethoden ebenfalls Berücksichtigung finden sollten.
In Betracht zu ziehen war, mit den Probanden Interviews zu führen. Hierdurch hätten Informationen über das Umfeld der Probanden über das polizeiliche Ermittlungsprotokoll hinaus und deren Reflexion auf die begangene Straftat gesammelt werden können. Darüber hinaus hätten möglicherweise auch Aussagen über das Dunkelfeld gemacht werden können. Eine solche Befragung hätte andererseits jedoch für den einzelnen Probanden bedeutet, daß er teils nach Jahren mit der Straftat noch einmal konfrontiert worden wäre. Dies wäre jedoch dem Diversionsgedanken des Rüsselsheimer Modells, das heißt möglichst geringer Eingriff in den Lebensalltag des Jugendlichen und Heranwachsenden durch schnelle Verfahrenserledigung, gerade zuwider gelaufen. Weiterhin war davon auszugehen, daß viele Probanden nach Abschluß der Schule bzw. Lehre nicht mehr am alten Wohnort ansässig sind und eine Befragung aller am Rüs-

selsheimer Versuch während des Untersuchungszeitraums Beteiligter fraglich erschien. Das Interview mit Probanden kam deshalb nicht in Betracht.

Vor und während der Untersuchung kam es zwar zu einer Reihe von Gesprächen mit dem Jugendrichter des Amtsgerichts Rüsselsheim. Diese Gespräche dienten der Klärung von Fragen, welche sich nicht direkt aus den Akten beantworten ließen. So ging es um die Inhalte der Erziehungsgespräche, da hierzu nur ein knappes schriftliches Formprotokoll gefertigt wurde, welches geringe Informationen enthielt. Ebenso wurden die Motive des Jugendrichters für seine Vorgehensweise nach § 47 angesprochen. Hierbei handelte es sich jedoch nicht um Interviews in Form einer Untersuchungsmethode, sondern dies diente einem besseren Verständnis der zu erhebenden Daten. Hierdurch sollte eine fehlerhafte Interpretation der Befunde vermieden werden. Soweit die Inhalte der Gespräche Bestandteil der Untersuchung wurden, erfolgte jeweils ein gesonderter Hinweis hierauf.

3. Die Beobachtung

Neben der Aktenanalyse wollte die Verfasserin zudem einen unmittelbaren Eindruck von dem Ablauf eines Erziehungsgespräches erhalten. Dies galt um so mehr, als die Protokolle der Erziehungsgespräche, wie bereits erläutert, nur wenig Informationen enthielten.

Die Verfasserin nahm deshalb 1997 und 1998 an insgesamt fünf Erziehungsgesprächen als Zuhörerin teil. Die Auswahl der Erziehungsgespräche war hierbei zufällig. Es wurden keine Auswahlkriterien festgelegt.

Im Januar 1999 erfolgte schließlich noch die Teilnahme an einem alljährlich stattfindenden Erfahrungsaustausch aller am Rüsselsheimer Versuch beteiligter Personen.

4. Vergleichsgruppe

Wie bereits durchgeführte Untersuchungen zur informellen Verfahrenseinstellung zeigen, werden Erhebungen häufig anhand von Vergleichsgruppenbildungen vorgenommen. Auch für die vorliegende Untersuchung stellte sich deshalb die Frage nach Bildung einer Vergleichsgruppe.

Die Aussagekraft der erhobenen Daten hängt hierbei wesentlich von der Homogenität beider Untersuchungsgruppen ab. Dies bedeutete vorliegend, daß die Zusammensetzung der Probandengruppen mit ihren we-

sentlichen Merkmalen soweit als möglich übereinzustimmen hatte. Einzig in der Art der Verfahrenserledigung hätte ein Unterschied der Vergleichsgruppen vorgelegen.
Das Rüsselsheimer Modell ist so angelegt, daß alle jugendlichen und heranwachsenden geständigen Ersttäter, sofern eine Straftat des vorher definierten Straftatenkatalogs vorliegt, berücksichtigt werden. Eine darüber hinausgehende Selektierung findet nicht statt.
Daraus ergab sich zwingend für die vorliegende Untersuchung, daß eine Vergleichsgruppe aus dem Amtsgerichtsbezirk Rüsselsheim nicht gestellt werden konnte, da bei Homogenität der tat- und täterbezogenen Merkmale keine Straftäter dem formellen Strafverfahren zugeführt worden wären.
Bei der Prüfung, ob die Vergleichsgruppe aus einem anderen Amtsgerichtsbezirk gebildet werden konnte, waren folgende Kriterien zu beachten:
Der Amtsgerichtsbezirk mußte zum Landgerichtsbezirk Darmstadt gehören, damit die gleiche Staatsanwaltschaft für die Verfahren zuständig gewesen wäre. Dies war insbesondere deshalb notwendig, damit verschiedene Handlungsstile unterschiedlicher Staatsanwaltschaften ausgeschlossen werden konnten. Auch hätte die Gefahr einer unterschiedlichen strafrechtlichen Sichtweise abweichenden Verhaltens Jugendlicher und Heranwachsender durch zwei unterschiedliche Staatsanwaltschaften bestanden.
Die formellen Verfahren mußten von nur einem Jugendrichter abgeschlossen worden sein, um auszuschließen, daß das spätere Legalverhalten der Delinquenten nicht auf einen möglicherweise gegebenen unterschiedlichen Verhandlungsstil verschiedener Jugendrichter zurückzuführen ist.
Nach Überprüfung sämtlicher Amtsgerichtsbezirke innerhalb des Landgerichtsbezirks Darmstadt, erfüllte nur das Amtsgericht Dieburg die vorgenannten Kriterien für den Untersuchungszeitraum.
Dieburg ist eine traditionelle Kleinstadt, die im wesentlichen durch ihre ländliche Umgebung geprägt ist. Von den nur ca. 14.000 Einwohnern sind 73,3% der Gesamtbeschäftigten im Dienstleistungsbereich tätig[78].
Der Amtsgerichtsbezirk Rüsselsheim ist dagegen in besonderem Maße durch den größten Arbeitgeber vor Ort, die Adam Opel AG als Automobilhersteller mit großen Fabrikationsanlagen und dem nahen Rhein / Main

---

[78]Dieburg, Strukturanalyse der Stadt: in Wirtschaftsförderung Region Frankfurt/Rhein-Main 1995, Hrsg. Der Magistrat der Stadt Dieburg

Flughafen mit seinem Frachtzentrum geprägt. Dies hat einen hohen Arbeiteranteil in der Bevölkerung zur Folge.
Darüber hinaus ist der Anteil von Ausländern, gemessen an der Einwohnerzahl, im Amtsgerichtsbezirk Rüsselsheim hoch. In Rüsselsheim betrug er während des Untersuchungszeitraums durchschnittlich 23,7%[79] in Kelsterbach 30,3[80]% und in Raunheim 23,8%[81]. Allein Rüsselsheim zählt durchschnittlich ca. 60.000 Einwohner[82].
Der Amtsgerichtsbezirk Dieburg mit seinen ländlichen Strukturen war daher sowohl wegen seiner Zusammensetzung der arbeitenden Bevölkerung, als auch wegen seiner Einwohnerzahl mit dem Amtsgerichtsbezirk Rüsselsheim nicht vergleichbar. Ohne eine in ihren äußeren Strukturen vergleichbare Kontrollgruppe ließ sich eine Vergleichsgruppenuntersuchung mit verwertbaren Ergebnissen jedoch nicht realisieren.
Nach Auswertung der Datenerhebung zeigte sich denn auch, daß die Entscheidung gegen eine Vergleichsgruppenuntersuchung richtig war. Insbesondere hinsichtlich der unterschiedlichen Nationalitäten ergaben sich evidente Unterschiede im untersuchten Verhalten der Probanden. Eine Kontrollgruppe ohne eine solche Nationalitätenverteilung hätte deshalb die Ergebnisse verzerrt. Soweit in der vorliegenden Studie dennoch Vergleiche mit bereits in anderen empirischen Untersuchungen erhobenen Daten erfolgten, war sich die Verfasserin stets der Problematik einer tatsächlichen Vergleichbarkeit bewußt.

5. Untersuchungszeitraum

Da der Rüsselsheimer Versuch bereits 1985 ins Leben gerufen worden war, stellte sich die Frage, über welchen Zeitraum eine Projektauswertung erfolgen sollte. Gegen eine Untersuchung von Anbeginn an sprachen zwei Gesichtspunkte:
Zur Durchführung des Rüsselsheimer Versuchs war eine enge Zusammenarbeit zwischen der ermittelnden Polizeibehörde und dem Jugendgericht erforderlich. Dieser reibungslose Ablauf war zu Beginn des Versuchs noch nicht sichergestellt, so daß es vorkam, daß die sämtliche Kriterien erfüllende Delinquenten nicht zu einem Erziehungsgespräch geladen worden waren. Aussagekräftige Ergebnisse waren deshalb für die er-

---

[79]Statistischer Bericht der Stadt Rüsselsheim (1996,S.34)
[80]Nationalitätenstatistik Gemeinde Kelsterbach 1991-1994
[81]Bevölkerungsstatistik der Stadt Raunheim (1996, S.1)
[82]Statistischer Bericht der Stadt Rüsselsheim (1996, S.14)

sten Jahrgänge nicht zu erwarten.

Ein Rückgriff auf staatsanwaltliche Ermittlungsakten und eine vollständige Überprüfung der Legalbewährung der Probanden wäre ebenfalls nicht mehr gewährleistet gewesen, da die Aktenaufbewahrungsfrist der staatsanwaltlichen Ermittlungsakten nur fünf Jahre beträgt. Schließlich sind gemäß § 63 Abs. 1 Bundeszentralregistergesetz Eintragungen in das Erziehungsregister mit Vollendung des 24. Lebensjahres des Betroffenen zu entfernen. Nach § 46 Abs. 1 Bundeszentralregistergesetz sind Verurteilungen nach fünf Jahren zu tilgen. Es stand daher zu befürchten, daß Akten und Auskünfte aus dem Bundeszentralregister für die ersten Jahrgänge des Rüsselsheimer Versuchs nur noch unvollständig zu erhalten gewesen wären.

Die Untersuchung sollte deshalb erst mit dem Jahr 1991 beginnen. Maßgebend war dabei das Datum des Erziehungsgesprächs und nicht das Datum der Tatbegehung.

Der Zeitraum, in welchem Erziehungsgespräche erfolgten, sollte vier Jahre umspannen. Hierdurch war sichergestellt, daß eine genügende Anzahl von Probanden erfaßt werden konnte und ein Querschnitt der im Rüsselsheimer Versuch behandelten Straftäter gegeben war. Bei der Festlegung des Endzeitpunktes der Erhebung mußte berücksichtigt werden, daß ein Ziel der Untersuchung die Überprüfung der Legalbewährung der Probanden war. Es war davon auszugehen, daß die erfolgte Maßnahme aus dem letzten Erziehungsgespräch des Jahres 1994, welches mit einer Einstellung nach § 47 endete, spätestens Ende des Jahres 1995 an das Bundeszentralregister weitergeleitet worden war. Zum Zeitpunkt der Bundeszentralregisterauskunft am 5. März 1998 war damit sichergestellt, daß mindestens ein Legalbewährungszeitraum von 24 Monaten nach erfolgtem Erziehungsgespräch überprüft werden konnte. Für Straftaten, die bereits zu Beginn des Jahres 1991 im Rahmen eines Erziehungsgesprächs behandelt wurden, konnte die Legalbewährung bis zu sieben Jahre nach Rechtskraft der Entscheidung nachgeprüft werden.

D. ERGEBNISSE DER EIGENEN UNTERSUCHUNG

I. Der Rüsselsheimer Versuch als Diversionsmodell

Diversion wird heute in den verschiedensten Formen betrieben. Generell kann man im informellen jugendstrafrechtlichen Verfahren zwischen "nicht intervenierender" und "intervenierender" Diversion unterscheiden. Der nicht intervenierenden Diversion liegt der Gedanke zugrunde, der junge Straftäter sei durch die Entdeckung seiner Tat und die polizeilichen Ermittlungen so stark beeindruckt, daß keine weiteren Maßnahmen erforderlich sind, die ihn von weiteren Straftaten abhalten. Durch die Neuordnung der Vorschriften über die informelle Verfahrenseinstellung wurde klargestellt, daß sie in der Rangfolge vor der intervenierenden Diversion zu prüfen ist[83]. Dabei spielt nicht nur eine Rolle, ob erzieherisch auf den jungen Straftäter eingewirkt werden muß, um ein weiteres kriminelles Abgleiten zu verhindern, sondern auch, ob es dem Grundsatz der Verhältnismäßigkeit entspricht, auf eine geringfügige erste Tat überhaupt Maßnahmen zu ergreifen[84]. Das Verfahren wird danach ohne Anordnung weiterer Maßnahmen eingestellt.

Die intervenierende Diversion zeichnet sich dagegen durch eine justizielle Reaktion aus, die über die bloße Einstellung des Verfahrens hinausgeht. Mitunter reicht eine Ermahnung aus, manchmal ist sie noch durch eine ahndende Anordnung, wie Geldbuße oder Arbeitsauflage, zu erweitern, um dem jungen Menschen das Fehlerhafte seiner Tat deutlich zu machen. Auch eine die Erziehung fördernde Weisung, etwa betreffend den Schulbesuch oder eine auf Restitution gerichtete Maßnahme ist möglich[85]. Im Rüsselsheimer Modell wird intervenierende Diversion durch den Jugendrichter betrieben.

Das informelle Verfahren selbst besteht aus einem Erziehungsgespräch vor dem Jugendrichter, das stets mit einer Ermahnung des Delinquenten einhergeht und woran sich gegebenenfalls eine erzieherische Maßnahme anschließt. Es endet bei erfolgreichem Verlauf mit einer Einstellung nach § 47 durch den Jugendrichter.

---

[83]Böttcher/Weber (1990, S.562 f)
[84]Böhm (1996, S.106)
[85]Heinz (1994, S. 118)

Voraussetzung für die Verfahrensweise nach dem Rüsselsheimer Versuch sind:
1. Der Delinquent muß Ersttäter sein.
Hierbei wird nicht vom förmlichen Ersttäterbegriff ausgegangen. Dieser umfaßt Straftäter, die wegen der Begehung eines Verbrechens oder Vergehens zum ersten Mal durch Gerichtsurteil bestraft wurden, bzw. allein aus Gründen der Schuldunfähigkeit statt dessen mit einer selbständigen Maßregel belegt wurden[86]. Ersttäter im Rüsselsheimer Versuch ist dagegen derjenige, der wegen des gleichen Delikts noch keine justizielle Sanktion, also auch keine Einstellung nach §§ 45, 47 oder §§ 153, 153a StPO erfahren hat. Kein Ersttäter ist danach, der bereits mit einer geringfügigen Straftat aufgefallen ist, deren Verfolgung aber im Wege der nicht intervenierenden Diversion nach § 45 Abs.1 oder § 153 StPO vom Staatsanwalt oder nach § 47 Abs.1, Nr.1 vom Richter eingestellt worden ist.
2. Der junge Straftäter lebt noch im elterlichen Haushalt.
3. Es liegt ein Geständnis des Jugendlichen oder Heranwachsenden vor.
4. Es liegt eine Straftat aus folgendem Straftatenkatalog vor:
<Diebstahl / Betrug (z.b. Umpreisung), Wertgrenze DM 500.->
<leichte Fälle des schweren Diebstahls (z.b. Diebstahl eines verschlossenen Fahrrads / Mofas ohne mitgeführtes Werkzeug (Spontan - oder Zufallstäter)>
<"typische Jugenddelikte" wie leichte Verstöße gegen das Waffengesetz (Nunchaku, Gaspistole), Sachbeschädigung als Jugendstreich, Mißbrauch von Notrufen>
<Fahren ohne Fahrerlaubnis (mit PKW auf Parkplätzen und Feldwegen, mit frisierten Mofas)>
<Verstöße gegen das Pflichtversicherungsgesetz>
<leichte fahrlässige Körperverletzung im Straßenverkehr>
<unerlaubtes Entfernen vom Unfallort bei geringem Schaden und geringem Verschulden>
<leichte Verstöße gegen das Ausländergesetz>
<Besitz weicher Drogen (Haschisch, Marihuana) zum Eigenverbrauch>
<Beleidigung>
Dieser Straftatenkatalog entspricht damit im wesentlichen den Diversionsrichtlinien der Länder[87]. Bei der Wertgrenze für Diebstahl und Betrug er-

---

[86]Kerner (1993, S. 121)
[87]Ostendorf (1997, § 45 Rdnr. 10)

geben sich jedoch Unterschiede. So definieren die Richtlinien leichte Fälle über eine Festlegung des Wertes auf DM 100.-. Der Rüsselsheimer Versuch hingegen bezieht in der Regel alle Fälle ein, die einen Wert von DM 500.- nicht übersteigen und berücksichtigt damit nicht nur die „leichten" Fälle der Eigentumsdelikte. Nicht Bestandteil des Rüsselsheimer Versuchs sind Ladendiebstähle bis zu einem Wert von DM 10.-. Bis zu einer Wertgrenze von DM 5.- stellt der Jugendstaatsanwalt das Verfahren ohne weitere Maßnahme nach § 45 Abs.1 ein. Liegt der Wert zwischen DM 5.- und DM 10.-, stellt der Jugendstaatsanwalt das Verfahren nach schriftlicher Ermahnung gemäß § 45 Abs.2 ein, obwohl auch in diesem Fall richtigerweise eine Einstellung nach § 45 Abs.1 erfolgen müßte. Der Staatsanwalt wartet den "Erfolg" der schriftlichen Ermahnung ja nicht ab, sondern stellt parallel zu dieser das Verfahren ein. Ein Fall des § 45 Abs.2 liegt damit im eigentlichen Sinn nicht vor. Mit der informellen Verfahrenseinstellung durch den Staatsanwalt soll vermieden werden, daß bei Kleinstkriminalität eine Überreaktion auf die Tat durch die Durchführung eines Erziehungsgesprächs erfolgt. Diese Fälle werden also im Rahmen der nicht intervenierenden Diversion behandelt.

Mit der Festlegung von täter- und tatbezogenen Merkmalen bereits im Vorfeld erfolgt gleichzeitig eine Ausgrenzung jugendlicher und heranwachsender Delinquenten, die das geforderte Profil nicht aufweisen, für eine intervenierende Diversion jedoch zugänglich wären. Gerade Diversionsprojekten werden deshalb teilweise Bedenken entgegengebracht, wenn Diversion pauschal und nach formalen Kriterien praktiziert wird[88]. Der Praxis bleibt dagegen keine Wahl. Sie muß sich auf eigene oder durch Ergebnisse der Sanktionsforschung gebildete Erfahrungswerte stützen. Da der Richter nicht weiß, welche der nach dem JGG möglichen Reaktionen den besten erzieherischen Effekt auf den einzelnen Täter hat, muß er seine Annahmen pauschalisieren. Hierbei ist das Erfahrungswissen des Sanktionierenden nicht zu unterschätzen. Dies gilt insbesondere dann, wenn der Jugendrichter sich in seinem Gerichtsbezirk mit all seinen Problemzonen auskennt. Die Begrenzung eines Diversionsprojekts auf bestimmte Kriterien bedeutet nicht, daß der jugendliche oder heranwachsende Täter, der die geforderten Kriterien nicht erfüllt, durch das "Diversionsnetz" fällt. Auch nach Anklageerhebung kann das Verfahren noch informell erledigt werden.

---

[88]Bock (1997, S.17)

Ein praktikables Diversionsmodell kann nur mit klaren und einfachen Zuweisungen funktionieren, die die Erforschung der Jungtäterpersönlichkeit bei der Auswahl der Delinquenten für ein solches Modell vorerst außer Acht läßt. Die Formalkriterien eines solchen Modells müssen für alle Beteiligten eindeutig definiert sein.

Bei der Durchführung des Rüsselsheimer Versuchs kommt der zuständigen Polizei eine erhebliche Bedeutung zu, da sie als erstes die Weichen stellt, ob ein Tatverdächtiger in den Rüsselsheimer Versuch aufgenommen wird. Der zuständige Polizeibeamte ermittelt Anlaß und Motiv der Tat, Einstellung des Jugendlichen oder Heranwachsenden zur Tat sowie die persönlichen und sozialen Hintergründe vor, bei und nach der Tat. Mit der Aufnahme dieser Daten erfolgt die erste Prüfung, ob die Formalkriterien, wie sie oben beschrieben sind, vorliegen.

Im Anschluß an die Vernehmung des Jugendlichen oder Heranwachsenden wird zwischen dem sachbearbeitenden Polizeibeamten und der Geschäftsstelle für Strafsachen am Amtsgericht der Termin für das Erziehungsgespräch mit dem Jugendrichter festgelegt. Zur Verfahrensbeschleunigung befinden sich bei den zuständigen Polizeidienststellen vorgedruckte Ladungsverfügungen des Amtsgerichts, die bereits von dem Jugendrichter blanko unterzeichnet sind. Der Polizeibeamte trägt sodann nur noch den mit der Geschäftsstelle zuvor vereinbarten Termin für das Erziehungsgespräch ein und übergibt die Ladung dem Delinquenten persönlich. Dem jungen Straftäter soll hierbei der Sinn und Zweck dieses informellen Verfahrens erläutert werden. Dies ist deshalb geboten, da das Erscheinen zum Erziehungsgespräch für den Jugendlichen oder Heranwachsenden freiwillig ist. Gleichzeitig kann er so erkennen, daß durch seine Mitarbeit die Angelegenheit für ihn schneller abgeschlossen werden kann. Bei Jugendlichen werden zudem die Eltern vom Termin des Erziehungsgesprächs in Kenntnis gesetzt.

Nach dem Abschluß der Ermittlungen übersendet die Polizei die Originalakten ordnungsgemäß an die zuständige Staatsanwaltschaft. Die Zweitschrift des Ermittlungsvorgangs geht unmittelbar und innerhalb kürzest möglicher Frist an den Jugendrichter. Damit soll sichergestellt werden, daß der Vorgang in jedem Fall dem Jugendrichter vorliegt, bevor das Erziehungsgespräch stattfindet.

Da die Erziehungsgespräche immer an einem bestimmten Tag in der Woche erfolgen, der auch der Jugendgerichtshilfe bekannt ist, kann diese sich ebenfalls vorab in der eigenen Terminplanung darauf einstellen. Spätestens am Nachmittag des dem Erziehungsgespräch vorangehenden Tages nimmt der Jugendrichter Kontakt mit der zuständigen Jugendgerichtshilfe auf und benachrichtigt sie vom Termin. Ein Vertreter der Jugendgerichtshilfe ist dann bei dem Erziehungsgespräch anwesend. Eine vorherige schriftliche Stellungnahme der Jugendgerichtshilfe erfolgt nicht.

Der Jugendstaatsanwalt sieht den Vorgang, der ihm durch die Polizei zugesandt wurde, beim Eingang durch und erkennt bereits an der Ladungsverfügung des Jugendrichters, daß ein Erziehungsgespräch durchgeführt werden soll. Mit einem Formularantrag für das vereinfachte Verfahren nach §§ 76 ff bei Jugendlichen bzw. für das beschleunigte Verfahren nach § 212 StPO bei Heranwachsenden übersendet er die Akte dem Jugendrichter zur Entscheidung.

Eine generelle vorherige Zustimmung zur Einstellung des Verfahrens nach § 47 hat der Staatsanwalt unter der Voraussetzung, daß das Erziehungsgespräch positiv verlaufen und die freiwillige Erziehungsmaßnahme erfolgreich abgeschlossen ist, bereits im Rahmen eines alljährlich stattfindenden Erfahrungsaustausches zwischen allen am Rüsselsheimer Versuch beteiligten Institutionen gegenüber dem Jugendrichter abgegeben.

Das Erziehungsgespräch als Herzstück des Rüsselsheimer Versuchs wird mit dem Jugendlichen und dessen gesetzlichem Vertreter, soweit er anwesend ist, bzw. mit dem Heranwachsenden geführt. Hierbei wird durch den Jugendrichter geprüft, ob bereits durch die Erziehungsberechtigten eine Reaktion auf die Tat erfolgte und diese gegebenenfalls ausreichend ist, oder ob weitere besondere Erziehungsmaßnahmen erforderlich sind. Falls das Fehlverhalten bereits in der Familie aufgearbeitet wurde und von seiten der Eltern auch Erziehungsmaßnahmen getroffen wurden, so ermahnt der Jugendrichter den Jugendlichen oder Heranwachsenden, wenn er dies als ausreichend erachtet und stellt das Verfahren nach § 47 Abs.1, S.1 Nr.2, i.V.m. § 45 Abs.2 nach Eingang der Antragsschrift der Staatsanwaltschaft bei Gericht ein. Sind in der Familie noch keine Maßnahmen getroffen worden oder hält der Jugendrichter diese nicht für ausreichend, legt er durch Beschluß die Befolgung von besonderen Maßnahmen fest, die im Erziehungsgespräch bekanntgegeben werden. Diese Maßnahmen werden von der Jugendgerichtshilfe überwacht und deren Abschluß dem Jugendrichter mitgeteilt. Nach erfolgreichem Abschluß und Eingang der Antragsschrift bei Gericht stellt der Jugendrichter das Verfahren nach § 47 Abs.1, S.1 Nr.1, i.V.m. § 45 Abs. 2 ein. Lag die Antragsschrift dem Gericht bereits zum Zeitpunkt des Erziehungsgespräches vor, stellt der Jugendrichter das Verfahren vorläufig nach § 47 Abs.2 ein und nach erfolgreicher Beendigung der Maßnahme dann endgültig.

Von der Einstellung des Verfahrens informiert das Gericht die Staatsanwaltschaft, die Jugendgerichtshilfe und die Polizei. Die Jugendlichen und deren gesetzliche Vertreter bzw. die Heranwachsenden erhalten eine Benachrichtigung nur, sofern sie dies auf Befragen durch den Jugendrichter im Rahmen des Erziehungsgesprächs ausdrücklich wünschen. Hierdurch soll bewirkt werden, daß der junge Straftäter, für den das Verfahren faktisch mit der Ermahnung durch den Jugendrichter bzw. mit dem erfolgreichen Abschluß der Erziehungsmaßnahme beendet ist, nicht noch einmal mit der Tat konfrontiert werden muß[89]. Nach den Richtlinien zu § 47 soll dem Delinquenten der Einstellungsbeschluß zugestellt werden. Dem Jugendrichter ist es jedoch freigestellt, hiervon abzusehen, wenn dies aus erzieherischen Gründen notwendig erscheint.

Ergibt sich aus dem Erziehungsgespräch, daß mit den oben aufgeführten Maßnahmen keine ausreichende Wirkung zu erzielen ist, oder die erzieherische Wirkung nur durch weitergehende Weisungen oder Auflagen erreicht werden kann, beraumt der Jugendrichter nach Eingang der Antragsschrift einen Hauptverhandlungstermin an und entscheidet gegebenenfalls durch Urteil. Gleiches gilt für den Fall, daß ein Delinquent nicht zum Erziehungsgespräch erscheint, sein Geständnis widerruft oder die angeordnete Erziehungsmaßnahme nicht erfüllt. Zu einer Verzögerung des formellen Verfahrens soll es in diesen Fällen nach Ansicht des Jugendrichters nicht kommen, da die Antragsschrift der Staatsanwaltschaft nicht erst nach Kenntnis des Scheiterns des Erziehungsgesprächs angefertigt werden muß.

Weiterer Grund für das Fertigen der Antragsschrift ist, daß das Erziehungsgespräch und die Auswahl der anzuordnenden Maßnahmen durch den Jugendrichter erfolgen soll. Schließlich hat die Vorgehensweise nach Auskunft des Jugendrichters den Sinn, seine Tätigkeit in vollem Umfang auf die Pensenzahl als Verfahren vor dem Jugendrichter anzurechnen.

---

[89]Diese Erklärung gab der Jugendrichter in einem mit der Verfasserin erfolgten Gespräch hierzu.

Abbildung 1: Schematische Darstellung des Rüsselsheimer Versuchs

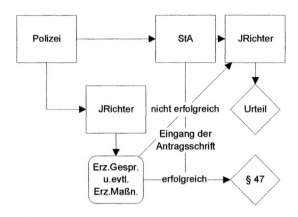

II. Rechtliche Würdigung

1. § 47 JGG

1.1
Auf Befragen, weshalb Diversion im Amtsgerichtsbezirk Rüsselsheim über den Jugendrichter betrieben werde, erklärte der zuständige Jugendrichter, daß "Erfahrungswerte in der jugendgerichtlichen Praxis zu der Erkenntnis führen, daß der Jugendrichter dort häufig die Position einer übergeordneten sozialen Instanz einnimmt". Durch die anerkannte Autorität des Jugendrichters mit seinen "Machtbefugnissen" und "Ritualen" werde die Möglichkeit geschaffen, dem Jugendlichen in kurzer Zeit das zu vermitteln, was das Elternhaus über eine längere Zeitdauer nicht vermochte. Die Erklärung, warum ein bestimmtes Verhalten nicht geduldet werden kann, haben jugendliche Straftäter in dieser Deutlichkeit zuvor häufig noch nicht gehört. Es ist deshalb das Bestreben im Rüsselsheimer Versuch, diesen "Respekt" vor dem Richter erzieherisch sinnvoll zu nutzen[90]."
Im Hinblick auf eine schnelle und damit verbundene pädagogisch sinnvolle Verfahrenserledigung gestattet das JGG auch dem Jugendrichter, ein

---

[90]Diese Äußerung erfolgte im Rahmen eines der vielen Informationsgespräche zwischen der Verfasserin und dem Jugendrichter

Verfahren informell abzuschließen. Der strafprozessuale Legalitätsgrundsatz wird, wie bereits an anderer Stelle erläutert, durch Diversion zugunsten eines Opportunitätsgrundsatzes durchbrochen[91]. Das Legalitätsprinzip, welches zugunsten des Beschuldigten wirken soll, wird durch spezialpräventiv wirkende erzieherische Gesichtspunkte zurückgedrängt, nicht aber aufgehoben. § 47 ermöglicht dem Jugendrichter eine durch das Gesetz kaum eingeschränkte Auswahl von Erziehungsmaßnahmen[92].

1.2
Anders als die informelle Verfahrenseinstellung durch den Staatsanwalt soll § 47 seine Anwendung im Hauptverfahren finden. Auch die Neuformulierung des § 47 bei seiner Novellierung im Jahr 1990 sieht ein Handeln des Jugendrichters erst nach Einreichung der Anklageschrift vor. Dieser Anklageschrift steht gemäß § 76 S.2 die Antragsschrift im vereinfachten Jugendverfahren gleich. Für Heranwachsende ist gemäß § 109 Abs.2 i.V.m. § 212 StPO der Antrag auf beschleunigtes Verfahren der Einreichung einer Anklageschrift gleichzustellen.
Die Eröffnung des Hauptverfahrens wird dagegen nur für § 47 Abs.1 Nr.4 als zwingende Voraussetzung angesehen[93], da das Gesetz nur hier von dem Begriff des Angeklagten ausgeht. Im übrigen soll es genügen, wenn die Voraussetzungen für die Eröffnung des Hauptverfahrens nach § 204 StPO vorliegen, also ein hinreichender Tatverdacht nach § 203 StPO besteht[94]. Der Gesetzgeber hat damit den Zeitpunkt der Interventionsmöglichkeit durch den Jugendrichter nicht in das Vorverfahren vorverlagert. Andererseits kann eine schnelle Verfahrensbeendigung als ein wesentlicher Aspekt von Diversion nach Einreichen der Antragsschrift nur bedingt erreicht werden, da das Erstellen der Antragsschrift bei der Staatsanwaltschaft in der Regel einen längeren Zeitraum beansprucht, wie in dieser Untersuchung festgestellt werden wird (C III 4.1).
Der Jugendrichter erlangt im Rüsselsheimer Versuch von der Verfehlung des Jugendlichen oder Heranwachsenden zum gleichen Zeitpunkt, oft schon früher als der zuständige Staatsanwalt Kenntnis. Nach § 163 Abs.2 StPO hat die Polizei ihre Ermittlungen zur Erforschung der Straftat ohne Verzug an die Staatsanwaltschaft zu übersenden. Eine gleichzeitige Übersendung an den zuständigen Jugendrichter ist nach der StPO nicht vorgesehen. Andererseits spricht diese Verfahrensweise nicht gegen das

---

[91] Kuhlen (1988, S.15)
[92] Schaffstein (1985, S. 948)
[93] Eisenberg (1997, §47, Rdnr.12)
[94] Diemer/Schoreit/Sonnen (1999, § 47 Rdnr.4)

Rechtsstaatsprinzip. Insbesondere wird der Jugendliche bzw. Heranwachsende nicht seinem gesetzlichen Richter entzogen. Dieser wird nur früher als gewöhnlich über einen "diversionsgeeigneten Fall" informiert. Dem Legalitätsgrundsatz nach § 152 Abs.2 StPO ist Rechnung getragen, da die Staatsanwaltschaft bei Vorliegen eines Anfangsverdachts in jedem Fall ein Ermittlungsverfahren einleitet.

Da der Jugendrichter erst bei Vorliegen der von der Staatsanwaltschaft gefertigten Antragsschrift das Verfahren durch Beschluß einstellt und eine Zustimmung durch die Staatsanwaltschaft zum informellen Verfahrensabschluß vorliegt, unterliegt der Einstellungsbeschluß durch den Jugendrichter keinen rechtlichen Bedenken. So ist auch keine jeweilige individuelle Zustimmung des Staatsanwalts zur Verfahrenseinstellung zu fordern. Die für eine Vielzahl von Fällen erteilte jährliche pauschale Ermächtigung des Jugendrichters basiert gerade auf den für den Rüsselsheimer Versuch festgelegten Kriterien.

Anders verhält es sich mit der Ladung zum Erziehungsgespräch vor den Jugendrichter, dem durchzuführenden Erziehungsgespräch sowie der sich daran möglicherweise anschließenden Maßnahme. Zwar kann der Jugendrichter gemäß § 47 Abs. 1 Nr.3 und Abs. 2 selbst Auflagen, Weisungen und erzieherische Maßnahmen anordnen. Hierzu ist er jedoch nur nach Einreichung der Anklage befugt, da erst danach die Voraussetzungen zur Eröffnung des Hauptverfahrens vorliegen. Im Rüsselsheimer Versuch stellt es jedoch die Ausnahme dar, daß die Antragsschrift dem Gericht bereits bei Durchführung des Erziehungsgesprächs vorliegt. Ist dies nicht der Fall, ist der Jugendrichter nach dem Gesetzeswortlaut nicht befugt, erzieherische Maßnahmen anzuordnen. Gleiches muß für das Erziehungsgespräch selbst gelten, da es das "Forum" für die Anordnung der Erziehungsmaßnahme darstellt. Dies gilt insbesondere deshalb, weil das Erziehungsgespräch regelmäßig mit einer Erziehungsmaßnahme in der Gestalt einer Ermahnung endet. Das Erziehungsgespräch kann deshalb nicht isoliert betrachtet werden.

Die Verfahrensweise im Rüsselsheimer Versuch könnte jedoch durch Auslegung des § 47 noch von der Intention des Gesetzgebers gedeckt sein.

Für eine erweiterte Sichtweise spricht, daß der Jugendrichter im untersuchten Modellversuch Erziehungsmaßnahmen ergreift, die der Gesetzgeber ihm ohnehin zugewiesen hat. Da eine Antragsschrift im beschleunigten bzw. vereinfachten Verfahren von der zuständigen Staatsanwaltschaft in jedem Fall gefertigt wird und der Täter geständig ist, liegen die Voraussetzungen zur Eröffnung des Hauptverfahrens vor, wenn auch erst nach erfolgtem Erziehungsgespräch und der damit verbundenen Anordnung erzieherischer Maßnahmen.

Eine Auslegung der Gesetzesnorm verbietet sich jedoch dann, wenn der Gesetzgeber mit seiner fehlenden Regelung gerade dokumentieren wollte, daß ein solcher Verfahrensweg nicht gewünscht ist. Zwar nimmt der Jugendrichter im JGG eine zentrale Stellung ein. Dem hat der Gesetzgeber unter anderem dadurch Rechnung getragen, daß er den Jugendrichter auch im Vorverfahren nicht ausgeschlossen hat, sondern ihm hier durch § 45 Abs.3 die alleinige Befugnis zur Anordnung von Maßnahmen in diesem Verfahrensstadium zuerkannt hat. Gegen ein Handeln des Jugendrichters in der vorliegenden Art spricht jedoch die eindeutige Eingliederung des § 47 in den zweiten Unterabschnitt des JGG, "Das Hauptverfahren". Bis dahin hat der Gesetzgeber den Jugendstaatsanwalt damit beauftragt, Entscheidungen über den weiteren Gang des Verfahrens zu treffen.

Wie bereits ausgeführt wurde, ist eines der wesentlichen Ziele der Diversion eine geringere Belastung des Beschuldigten, eine bessere Prävention durch individuelle Maßnahmenergreifung zur Konfliktbewältigung und Entlastung der Strafjustiz[95]. Bei der Abgrenzung der §§ 45 und 47 durch deren Ansiedlung in das Vor –bzw. Hauptverfahren hat der Gesetzgeber jedoch logistische Probleme, welche die Ziele von Diversion gefährden, unberücksichtigt gelassen.

1.3
Wie bereits erläutert wurde, liefert der vorliegende Versuch triftige Argumente, die Handlungsvollmacht bereits in frühem Stadium auf den Jugendrichter zu übertragen. Dies gilt für alle Amtsgerichtsbezirke, bei denen eine erhebliche räumliche Entfernung zur zuständigen Staatsanwaltschaft gegeben ist. Ein Erziehungsgespräch bei dem Staatsanwalt bedeutet, daß die Jugendlichen und Heranwachsenden bis zu 30 km nach Darmstadt reisen müßten. Dies stellt nicht nur für sie selbst, sondern auch für Angehörige, die das Erziehungsgespräch mit verfolgen möchten, eine erhebliche zusätzliche Belastung dar. Auch ist der Jugendstaatsanwalt in seiner Kenntnis der jugendlichen „Szene" in Rüsselsheim und Umgebung einem dort tätigen Jugendrichter unterlegen. Dieser kann gezielter in der Auswahl von Erziehungsmaßnahmen auf den jungen Straftäter einwirken, da er das soziale Umfeld durch genaue Kenntnis seines Amtsgerichtsbezirks beurteilen kann. Die Auswirkungen einer erheblichen räumlichen

---

[95] Ostendorf (1997, Grdl. z. §§ 45 u. 47, Rdnr. 4)

Entfernung zwischen dem für den jungen Straftäter zuständigen Amtsgericht und der Staatsanwaltschaft hat der Gesetzgeber nicht berücksichtigt. Für ein jugendrichterliches Handeln spricht auch, daß es dem Jugendrichter gestattet ist, an ein solches Erziehungsgespräch unmittelbar besondere weitere Erziehungsmaßnahmen, insbesondere auch Auflagen und Weisungen anzuordnen. Ein solches Recht steht dem Staatsanwalt nicht zu[96]. Es spricht deshalb viel dafür, jenen Träger justizieller Kontrolle mit der Wahrnehmung eines Erziehungsgesprächs zu betrauen, der an der Sache „näher dran" ist. Man wird davon ausgehen können, daß der Gesetzgeber diese Fallkonstellation nicht bedacht hat. Der amtlichen Begründung zum 1. JGGÄndG ist hierzu jedenfalls nichts zu entnehmen.

1.4

Die beschriebene Vorgehensweise ist aber nur dann gerechtfertigt, wenn sie nicht gegen zwingende gesetzliche Regelungen verstößt. Die geübte Praxis im Rüsselsheimer Versuch birgt die Gefahr in sich, daß ein Erziehungsgespräch mit möglicherweise daran anschließender Maßnahme durchgeführt wird, obwohl die zuständige Staatsanwaltschaft von der Fertigung einer Antragsschrift absieht und das Verfahren gemäß § 170 Abs.2 StPO einstellt. Dies geschieht dann, wenn Staatsanwaltschaft und Jugendrichter das Handeln des Jugendlichen oder Heranwachsenden strafrechtlich unterschiedlich bewerten. Kommt die Staatsanwaltschaft zu dem Ergebnis, daß ein strafbewehrtes Verhalten nicht vorliegt, wird sie das Verfahren nach § 170 Abs.2 StPO einstellen. Eine Ermahnung und abgeleistete Auflagen oder Weisungen erfolgten dann ohne jede rechtliche Grundlage. Auch die Ladung zum Erziehungsgespräch - eine Verfügung des Jugendrichters - entbehrt in dieser Konstellation einer rechtlichen Basis. Ein solches Ergebnis läßt sich zwar vermeiden, wenn die strafrechtliche Bewertung der Tat durch den Jugendrichter im Rahmen einer durchgeführten richterlichen Diversion für die Staatsanwaltschaft als bindend festgestellt wird. Dies widerspricht indessen evident dem Grundsatz "wo kein Kläger, da auch kein Richter". Die Hoheit darüber, ob eine Tat als strafbewehrtes Handeln anzusehen und deshalb Anklage zu erheben ist, obliegt allein der Staatsanwaltschaft. Auch wenn das Gericht bei der rechtlichen Beurteilung einer Tat nicht an die Vorgaben einer Anklageschrift gebunden ist und in seiner rechtlichen Würdigung frei ist, rechtfertigt dies nicht die "Ausschaltung des Staatsanwalts" aus Opportunitätsgründen. Auch eine Rückmeldung des Staatsanwalts an den Richter das

---

[96]Böhm (1992, S.790ff); Brunner/Dölling (1996, § 45 Rdnr.21)

Verfahren nicht nach § 47 einzustellen, führt zu keinem anderen Ergebnis, da zu diesem Zeitpunkt die Einstellung durch den Richter bereits erfolgt sein kann. Soll das Diversionsprojekt im Rahmen des § 47 ohne Versuchscharakter fortgeführt werden, darf das Erziehungsgespräch mit anschließender Ermahnung oder der Anordnung weiterer Maßnahmen durch den Jugendrichter erst nach Eingang der Antragsschrift bei Gericht erfolgen. Es liegt dann an der zuständigen Staatsanwaltschaft, das Verfahren behördenintern so zu beschleunigen, daß die Antragsschrift unverzüglich nach Eingang der polizeilichen Ermittlungsakte verfaßt wird und beispielsweise fernmündlich oder durch Telefax an das Gericht übermittelt wird.

2. § 71 JGG
2.1
Das JGG, das den Erziehungsgedanken als "roten Faden" in der Behandlung jugendlicher Straffälliger sieht, verweist den Jugendrichter jedoch nicht generell auf eine Handlungsfähigkeit erst nach Abschluß des Vorverfahrens. § 71 Abs.1 gestattet dem Jugendrichter, vorläufige Anordnungen über die Erziehung zu treffen. Sinn und Zweck dieser Vorschrift ist nach allgemeiner Auffassung die Sicherung erzieherischer Ziele zwischen Verfahrensbeginn und Rechtskraft des Urteils[97]. Daneben wird eine Stabilisierung des Jugendlichen angestrebt, so daß häufig in diesem Zusammenhang von einer „Krisenintervention" gesprochen wird[98].
2.2
Die zu treffenden vorläufigen Anordnungen nach § 71 Abs.1 entsprechen den Weisungen nach § 10. In Literatur und Rechtsprechung herrscht Einigkeit darüber, daß solche vorläufigen Anordnungen nur erzieherischen Zwecken dienen und keine Repressalien mit der Entscheidung zu verknüpfen sind[99].Wegen der Vorläufigkeit von Entscheidungen und mangels einer Sanktionierung des Jugendlichen kommt § 71 im Rahmen von Diversion nur dann zur Anwendung, wenn wegen der erfolgreichen erzieherischen vorläufigen Anordnung die Voraussetzungen zur Einstellung des Verfahrens nach § 45 Abs.2 gegeben sind. Folgerichtig sind Stellungnah-

---

[97] Brunner/Dölling (1996, § 71 Rdnr.6); Diemer/Schoreit/Sonnen (1999, § 71,Rdnr.2)
[98] Göppinger (1997, S.635)
[99] Diemer/Schoreit/Sonnen (1999,§ 71 Rdnr.6); Eisenberg (1997, § 71 Rdnr.3)

men zu § 71 daher nur in Ergänzung zu Diversion zu finden[100], nicht jedoch als deren Bestandteil.

Anders als bei sonstigen informellen Verfahren mit Beteiligung des Jugendrichters steht im Rüsselsheimer Versuch nicht nur eine schnelle Verfahrensbeendigung und dessen positive erzieherische Wirkung im Vordergrund. Gerade das Erziehungsgespräch mit dem Delinquenten soll dem Jugendrichter einen Einblick in mögliche erzieherische Defizite geben. Die getroffenen Erziehungsmaßnahmen finden ihre Grundlage daher nicht nur in der Tat, sondern gerade auch in den Umständen, wie sie im stattgefundenen Erziehungsgespräch besprochen wurden. Dennoch sollen die Erziehungsmaßnahmen ja gerade auch sanktionierend wirken. Eine Anwendung des § 71 als gesetzliche Grundlage für die richterliche Handlungsweise im Rüsselsheimer Versuch ist daher abzulehnen. Auch ist § 71 auf Heranwachsende, welche zur Tatzeit bereits 18 Jahre alt waren, derzeit ohnehin nicht anwendbar[101]. So wurden zwar in der Vergangenheit während des 18. Deutschen Jugendgerichtstages Bestrebungen laut, § 71 Abs.1 auch auf Heranwachsende anzuwenden[102], ein Sanktionscharakter dieser Vorschrift wird aber auch danach kategorisch abgelehnt. Eine Ausdehnung dieser vorläufigen Anordnung über die Erziehung kann deshalb nur in Ergänzung zu Diversion, nicht aber zu deren Erweiterung gesehen werden[103].

3. § 45 Abs.3 JGG
3.1
Eine andere systemkonforme Vorgehensweise unter Einbindung des Jugendrichters im informellen Verfahren bietet § 45 Abs.3. Dieses sogenannte "formlose Erziehungsverfahren"[104] vermittelt zwischen staatsanwaltschaftlicher Opportunität und richterlicher Verfahrenseinstellung nach § 47[105].
Die Stufenfolge des § 45 gibt vor, daß die Einschaltung des Jugendrichters erst dann in Betracht kommt, wenn ein Vorgehen nach § 45 Abs.1

---

[100]Göppinger (1997,S.636)
[101]Richtlinie zu § 71, Ziff.5, S.2
[102]Deutsche Vereinigung für Jugendgerichte und Jugendgerichtshilfen [DVJJ] (Hrsg.) (1981, S.350)
[103]Göppinger (1997, S.636)
[104]BT-Dr. 11/5829, S.24; Ostendorf (1997, §45 Rdnr. 17)
[105]Nix (1994, § 45 Rdnr.38)

oder 2 nicht mehr ausreicht[106]. Durch die Festlegung der Formalkriterien des Rüsselsheimer Versuchs wurde eine Abgrenzung zu jenem kriminellem Verhalten Jugendlicher und Heranwachsender getroffen, das keiner richterlichen Intervention bedarf. Daß nach äußeren Kriterien schematisch bei der Zuordnung zu dem Verfahren vorgegangen wird, erscheint, wie bereits an anderer Stelle aufgezeigt, unbedenklich. Gerade im Hinblick auf den Gleichbehandlungsgrundsatz nach Art. 3 GG und der notwendigen Verhältnismäßigkeit staatsanwaltlichen und jugendrichterlichen Handelns im Rahmen des § 45 Abs.3 kommt dieser Festlegung besondere Bedeutung zu.

3.2

Neben der Geständnisvoraussetzung, die ohnehin im vorliegenden Versuch generell verlangt wird, hat der Gesetzgeber abschließend festgelegt, welche Maßnahmen durch den Jugendrichter angeordnet werden dürfen[107]. Hierzu zählen neben der Ermahnung Arbeitsweisungen, Täter - Opfer - Ausgleich, Teilnahme an einem Verkehrsunterricht, die Auflage der Schadenswiedergutmachung, die persönliche Entschuldigung beim Verletzten, eine Arbeitsauflage und die Zahlung eines Geldbetrages an eine gemeinnützige Einrichtung. Die Betreuungsweisung ist wie auch die Weisung, an einem sozialen Trainingskurs teilzunehmen, ausgeschlossen, da sie durch ihre Eingriffsintensität nicht mit einem informellen Verfahren zu vereinbaren sind[108]. Obwohl die Richtlinien zu § 45 unter Ziffer 2 ausdrücklich die Möglichkeit eröffnen, aus erzieherischen Gründen eine mündliche Ermahnung mit anderen in § 45 Abs.3 aufgeführten Maßnahmen zu verbinden, stößt dies zum Teil auf heftigen Widerstand. So soll die Ermahnung ihren "symbolischen Wert" verlieren, wenn sie mit Maßnahmen kombiniert wird, welche "reale Interesseneinbußen" nach sich ziehen[109]. Ebenso wird darauf verwiesen, daß eine Verbindung der Maßnahmen von jenen als erzieherisch sinnvoll erachtet würde, die einer Ermahnung aus Sicht des Delinquenten die Qualität eines Freispruchs beimessen. Gegen diese Sichtweise von Jugendlichen spreche aber die Rückfallforschung zu Wiederholungstätern nach erfolgter bloßer Ermahnung[110]. Die Gegner einer Kombination von Ermahnung und Anordnung einer weiteren Maßnahme verkennen dabei den Sinn einer solchen Vor-

---

[106]Diemer/Schoreit/Sonnen (1999, § 45 Rdnr. 18)
[107]Ostendorf (1997, § 45 Rdnr. 17)
[108]BT-Dr. 11/5829, S.25
[109]Ostendorf (1997, § 45 Rdnr. 17)
[110]Eisenberg (1997, § 45 Rdnr. 26)

gehensweise. Die Anordnung von Weisungen oder Auflagen ohne eine gleichzeitige Ermahnung des jungen Straftäters entbehrt jeder erzieherischen Grundlage. Sie ist eben nicht als Verwarnung nach § 14 zu verstehen, sondern ist eine formlose Zurechtweisung. Einer solchen Zurechtweisung bedarf es aber, wenn ein Jugendlicher oder Heranwachsender Weisungen und Auflagen zu erfüllen hat. Erst durch diese Zurechtweisung wird er in die Lage versetzt, zu begreifen, weshalb gegen ihn Maßnahmen verhängt werden. Zu Recht wird deshalb im Rüsselsheimer Versuch jeder erzieherischen Maßnahme eine Ermahnung vorangestellt.

3.3

Im Rüsselsheimer Versuch erfolgt die Sanktionsauswahl ausschließlich durch den Jugendrichter. Nach dem Wortlaut des § 45 Abs.3 soll jedoch der Staatsanwalt die Anordnung von Maßnahmen anregen. Einhellig wird hieraus der Schluß gezogen, daß der Jugendrichter dieser Anregung nicht folgen muß und dem Staatsanwalt diesen Verfahrensweg versperren kann. Nimmt der Jugendrichter die Anregung aber auf, fordert eine Ansicht in der Literatur weiter, daß der Jugendrichter an die vorgeschlagenen Maßnahmen gebunden ist und diese nicht durch seines Erachtens geeignetere Sanktionen ersetzen darf[111]. Dieser Auffassung ist nicht zu folgen, da mit der Einschaltung des Jugendrichters sich der Staatsanwalt seiner alleinigen Entscheidungskompetenz im informellen Verfahren begibt. Der Jugendrichter ist im Rahmen des § 45 Abs.3 eben nicht nur der "Büttel" der Staatsanwaltschaft, sondern nimmt aktiv am Verfahren teil. Es sollte zwar versucht werden, zwischen den Institutionen Einigkeit über die zu treffenden Maßnahmen zu erzielen, da die Staatsanwaltschaft bei Erfüllung der angeordneten Weisungen oder Auflagen das Verfahren einstellen muß[112], in keinem Fall erscheint es jedoch contra legem, wenn der Staatsanwalt die konkrete Auswahl der geeigneten Maßnahmen dem Jugendrichter überläßt.

In dem hier vorgestellten informellen Verfahren erfolgt zu Beginn eines jeden Jahres eine gemeinsame Besprechung aller am Rüsselsheimer Versuch beteiligten Institutionen. Gerade hier kann der Staatsanwalt in Zusammenarbeit mit dem Jugendrichter erarbeiten, welches Maßnahmenspektrum im Rüsselsheimer Versuch zur Anwendung kommen soll. Einer individuellen Prüfung des Einzelfalls durch den Staatsanwalt bedarf es nicht, sofern die festgelegten Formalkriterien des Versuchs eingehalten

---

[111]Nix (1994, § 45 Rdnr. 47); Ostendorf (1997, § 45 Rdnr. 18)

[112]Eisenberg (1997 § 45 Rdnr. 29); Brunner/Dölling (1996 § 45 Rdnr.33)

werden. Da der Versuch darauf abzielt, schnell auf die jugendtypische Verfehlung zu reagieren, bietet es sich an, wenn der Staatsanwalt hierbei dem Jugendrichter die Kompetenz für die Auswahl von zuvor abgestimmten Maßnahmen überträgt.
3.4
Es mag dahinstehen, ob die Jugendgerichtshilfe im informellen Verfahren nach § 45 generell hinzuzuziehen ist. Der Rüsselsheimer Versuch zeichnet sich durch die Einbindung der Jugendgerichtshilfe ohne tiefgreifende Persönlichkeitserforschung des jungen Straftäters aus. Dies hat den Vorteil, daß eine unnötige Stigmatisierung durch die Untersuchung der Jugendgerichtshilfe unterbleibt[113], sie sich aber im Erziehungsgespräch ein Bild von dem Delinquenten machen kann und hierdurch bei Bedarf schneller auf erzieherische Defizite reagieren kann. Eine Einbindung der Jugendgerichtshilfe ist auch deshalb sinnvoll, da diese bei der Überwachung von erteilten Weisungen dem Jugendrichter behilflich ist und den Kontakt bei Ableistung von Arbeitsauflagen mit den verschiedenen Institutionen, bei denen die Auflage abzuleisten ist, aufbaut. Hiergegen spricht auch nicht die Intention des Gesetzgebers, in der Regel mit der Überwachung den Jugendrichter selbst zu betrauen[114]. Danach soll die Ortsnähe des Jugendrichters zum Jugendlichen oder Heranwachsenden genutzt werden. Dies ist bei Einschaltung der Jugendgerichtshilfe ebenfalls gegeben.
3.5
Die Verfahrensweise im Rüsselsheimer Versuch entspricht insgesamt danach eher der Konzeption des § 45 Abs.3 als einem Verfahren nach § 47. Daran ändert auch nichts, daß die Staatsanwaltschaft in jedem Fall einen Antrag auf vereinfachtes Jugendverfahren oder beschleunigtes Verfahren stellt. Diese Übung birgt gerade keinen materiellen Zweckgehalt in sich, sondern dient nur als formale Voraussetzung einer Einstellung durch den Jugendrichter nach § 47 Abs.1 Ziff.2 oder § 47 Abs.1 S.2.
Einer solchen Antragsschrift bedarf es nicht mehr, wenn der Staatsanwalt nach § 45 Abs.3 das Verfahren einstellt. Dem Sinn und Zweck eines informellen Verfahrens kann damit auch besser Rechnung getragen werden, denn es stellt sich die Frage, wo die Berechtigung zu einer Antragsschrift der Staatsanwaltschaft liegen soll, wenn von vornherein alle Beteiligten davon ausgehen, daß der Fall "diversionsgeeignet" ist. Der Standpunkt im

---

[113] Nix (1994, §45 Rdnr. 45)
[114] BT-Dr.11/5829, S.25

Rüsselsheimer Versuch, bei Nichtbefolgung einer Weisung, umgehend den Hauptverhandlungstermin anberaumen zu können, wenn bereits eine Antragsschrift vorliegt, überzeugt nicht. Mögliche positive Nebeneffekte erlauben es nicht, diese zum Selbstzweck zu erheben, wenn die Erhebung einer Anklage nicht gerechtfertigt ist.

3.6

Obwohl, wie dargelegt, gute Gründe für eine Vorgehensweise nach § 45 Abs.3 vorliegen, stößt dieses Verfahren in der jugendgerichtlichen Praxis auf wenig Interesse. Gegenüber der rein staatsanwaltlichen Diversion kam der informellen Verfahrenserledigung mit Einbindung des Jugendrichters nach § 45 Abs.3 von jeher geringere Bedeutung zu[115]. Durch die Neuregelung des § 45 ist § 45 Abs.3 noch weiter ins Abseits gerückt. So haben Einstellungen nach dieser Vorschrift in den 90er Jahren massiv zugunsten eines Zuwachses an Einstellungen nach § 45 Abs.1 und Abs.2 abgenommen[116], deren Anwendung durch die Neuregelung nunmehr als zwingend ausgestaltet wurde und ein Ermessen des Staatsanwalts somit nicht mehr gegeben ist. In der Praxis scheint die geringe Anwendung des § 45 Abs.3 jedoch weniger mit der subsidiären Rangstellung dieser Vorgehensweise zu erklären sein, als vielmehr mit dem Umstand, daß zwischen Staatsanwaltschaft und Jugendrichter eine zielgerichtete Zusammenarbeit zu erfolgen hat, soll diese Einstellungsmöglichkeit auch den gewollten Zweck erfüllen.

Eine Verfahrensweise nach § 45 Abs.3 wird von Praktikern auch deshalb vielfach abgelehnt, da sie bei der Personalverteilungsberechnung für die Amtsgerichte nur geringe Berücksichtigung findet. So wurde während des Untersuchungszeitraums 1990 bis 1994 der Richterbedarf nach den Bundesbewertungszahlen für "Anträge auf Erlaß sonstiger gerichtlicher Entscheidungen - wozu auch die Einstellung nach § 45 Abs. 3 zählt- oder Anordnungen - ohne Haftsachen -" auf das Achtfache im Gegensatz zu einer Einstellung des Verfahrens nach § 47, welches zu den "Verfahren vor dem Jugendrichter" zählt, festgelegt.

---

[115]So errechneten Heinz/Storz (1992, S.36) für das Jahr 1981 eine Einstellungsquote nach § 45 Abs.1 a.F.= § 45 Abs.3.n.F. von 10% aller Sanktionierten und für 1989 nur 6%. Auch bei Hock-Leydecker wurde im Untersuchungszeitraum aus dem Jahr 1985 nur ein Verfahren durch die Staatsanwaltschaft in dieser Form eingestellt (1994,S.33).
[116]Nach Ostendorf wurden 1990 8,9% der Verfahren, welche Einstellungen nach §§ 45,47 nach sich zogen nach § 45 Abs.3 eingestellt. 1994 waren es nur noch 5,5%. Dagegen stieg die Einstellungsquote nach § 45 Abs. 1 und 2 von 62,6% auf 69,6%. (1997, Grdl.zu §§ 45 und 47, Rdnr.7)

Das Verhältnis lag bei 3600 zu 450[117]. Dies bedeutet, daß die Wertigkeit der richterlichen Tätigkeit, welche zu einer Einstellung nach § 45 Abs.3 führt, mit nur einem Achtel gegenüber der richterlichen Arbeit im Rahmen des § 47 eingestuft wird. An diesen Größenverhältnissen hat sich seither nichts verändert. Berücksichtigt man dabei noch die nahezu gleiche Arbeitsbelastung des Jugendrichters in beiden informellen Verfahrenswegen, wird deutlich, weshalb das formlose Erziehungsverfahren der jugendgerichtlichen Praxis so unattraktiv erscheint.
Der Jugendrichter, der Erziehungsgespräche mit jungen Delinquenten durchführt, Ermahnungen erteilt, Auflagen und Weisungen anordnet und deren Einhaltung auch noch überwacht, kann diese Tätigkeit nicht auf seine durch Pensenzahlen nachzuweisende Arbeitsbelastung anrechnen. Nimmt ein Jugendrichter seine Aufgabenzuweisung im Rahmen des § 45 Abs.3 gewissenhaft wahr, wird zwangsläufig die Zahl seiner Verfahrensbeendigungen nach § 47 zurückgehen. Der Verteilerschlüssel für Jugendrichter geht so an den tatsächlichen Erfordernissen in der jugendrichterlichen Praxis vorbei. So war auch im Rüsselsheimer Versuch ein wesentlicher Beweggrund für die Verfahrensweise nach § 47, "daß Verlagerungen von Arbeitsbelastungen vermieden und Erledigungsstatistiken nicht verändert" werden[118]. Ist man kriminalpolitisch an der Durchführung von Diversion durch den Jugendrichter in dieser Form interessiert, muß sich auch die Richterbedarfsberechnung den tatsächlichen Gegebenheiten in der Praxis anpassen. Attraktiv kann ein solches Vorgehen für die beteiligten Jugendrichter nur gestaltet werden, wenn sie ihre damit einhergehende Arbeitsbelastung so für sich verbuchen können, wie es bei einer Einstellung nach § 47 der Fall wäre. Nicht der Gesetzgeber, sondern die Justizminister der Länder sind hier gefordert, den Pensenschlüssel für den Richterbedarf entsprechend anzupassen. Ansonsten bleibt zu befürchten, daß § 45 Abs. 3 zu einer bloßen Worthülse im Jugendgerichtsgesetz verkommt.

---

[117]"Personalbedarfsberechnung für den richterlichen Dienst; Geschäftszahlen 1990-1994" des Oberlandesgerichts Frankfurt. Nicht veröffentlicht. Diese Berechnung basiert auf Bundeszahlen. Für das Land Hessen erfolgt auf Basis dieser Zahlen eine Bedarfsberechnung durch das Hessische Ministerium der Justiz unter Mitwirkung des Richterrats. Die absoluten Bedarfszahlen für Hessen sind deshalb nicht immer mit den Bundeszahlen identisch. Das Verhältnis der Bedarfszahlen zueinander entspricht jedoch annähernd der Bundesbewertung nach den "Grundsätzen für die Personalverteilungsberechnung im richterlichen Dienst der ordentlichen Gerichtsbarkeit".
[118]Diedrich (1987, S. 116)

3.7
Der Rüsselsheimer Versuch entspricht in seiner derzeit praktizierten Form nicht dem geltenden Recht. Es spricht aber alles dafür, entweder die rechtlichen Regelungen so zu ändern, daß diese Art der Diversion ermöglicht wird, oder den Rüsselsheimer Versuch auf § 45 Abs.3 umzustellen. Eine solche Umgestaltung erscheint auch nicht schwierig, ist die zuständige Staatsanwaltschaft ohnehin bereits in der Durchführung der nicht intervenierenden Diversion aktiv. So könnte weiterhin eine Einstellung des Verfahrens nach § 45 Abs.1 für Fälle des einfachen Ladendiebstahls bis zu einer Wertgrenze von DM 5.- erfolgen und eine Einstelllung nach § 45 Abs.2 für Ladendiebstähle bis zu einer Wertgrenze von DM 10.-. Unter Beachtung der Kriterien des Rüsselsheimer Versuchs, die klar und einfach zu
gestalten sind, könnten Staatsanwaltschaft, Polizei, Jugendgerichtshilfe und Jugendrichter vereinbaren, dem Jugendrichter nach § 45 Abs.3 die Anordnung geeigneter Maßnahmen zu übertragen. Fälle, die nicht den zuvor festgelegten Kriterien entsprechen, sind vom Jugendstaatsanwalt nach vorheriger Prüfung zu entscheiden. Auch hier muß es nicht zu einer Anklage oder einem Antrag kommen, sondern es kann ebenso eine informelle Einstellung des Verfahrens nach § 45 Abs.1, § 45 Abs.2 oder § 45 Abs.3 erfolgen. Ohne eine Veränderung des Pensenschlüssels wird dieser Verfahrensweg in der Praxis jedoch auf Ablehnung stoßen. Hier ist die Justizverwaltung gefordert, die erforderlichen Maßnahmen zu treffen.

III. Ergebnisse der Erhebung

1. Entscheidung
Bei 446 Probanden, die im Untersuchungszeitraum zu einem Erziehungsgespräch geladen wurden, erfolgten 421 Einstellungen nach § 47. In 22 Fällen wurde nach Abbruch des informellen Verfahrens und Durchführung einer Hauptverhandlung ein Urteil ausgesprochen. Grund des Abbruchs des informellen Verfahrens war in acht Fällen das Bestreiten einer strafbaren Handlung, in vier Fällen ein Geständniswiderruf, in einem Fall erschien der Delinquent trotz wiederholter Ladung nicht zum Erziehungsgespräch. In weiteren neun Fällen konnte keine Einstellung des Verfahrens

erfolgen, da die verhängte Erziehungsmaßnahme nicht erfüllt worden war. Diese 22 Urteile sind nicht Bestandteil der Untersuchung.
In drei Fällen erfolgte eine Einstellung des Verfahrens mangels hinreichenden Tatverdachts durch die zuständige Staatsanwaltschaft, obwohl ein Erziehungsgespräch vor dem Jugendrichter bereits stattgefunden hatte. Hierbei wurde zweimal eine Ermahnung ausgesprochen und in einem Fall eine Ermahnung mit einer Auflage zur Ableistung von acht Stunden gemeinnütziger Arbeit verbunden[119]. In diesem Fall war der Proband durch einen Freund, welcher den Diebstahl eines Portemonnaies gestanden hatte, der Mittäterschaft bezichtigt worden. Bei der anschließenden Vernehmung durch die Polizei gab dieser dann an, von dem Diebstahl nichts bemerkt zu haben. Dennoch wurde der Proband zu einem Erziehungsgespräch geladen, wobei er zugab, den Diebstahl bemerkt zu haben und Hilfestellung beim Verstecken der Geldbörse geleistet zu haben. Die daraufhin verhängte Arbeitsweisung wurde in vollem Umfang abgeleistet. Die zuständige Staatsanwaltschaft stellte das Verfahren mangels hinreichenden Tatverdachts nach § 170 Abs.2 StPO ein und unterrichtete hiervon den Jugendrichter. In den Fällen, in denen nur eine Ermahnung erfolgte, wurde den Delinquenten unmittelbar nach Durchführung des Erziehungsgesprächs mitgeteilt, daß eine Einstellung des Verfahrens erfolge. Da der formale Beschluß nach § 47 erst nach Eingang der Antragsschrift bei Gericht getroffen wird, wurde auch hier die Einstellung des Verfahrens nach § 170 Abs.2 StPO vor Beschlußfassung durch den Jugendrichter bekannt.
Solche Fehlerquellen ließen sich bei einer Anwendung von § 45 Abs.3 für den Rüsselsheimer Versuch vermeiden, da es in diesem Fall nicht zu einer Einstellung des Verfahrens durch den Staatsanwalt nach § 170 Abs.2 StPO, sondern eben nach § 45 Abs.3 gekommen wäre.
Da von weiteren drei Probanden eine Anfrage beim Bundeszentralregister nicht ausgewertet werden konnte, wurden die Daten der Betroffenen vor der statistischen Auswertung aus der Untersuchung genommen.
Abschließend läßt sich festhalten, daß von allen ursprünglich mit dem Rüsselsheimer Versuch in Kontakt gekommenen Jugendlichen und Heranwachsenden nur jene in dieser Untersuchung Berücksichtigung fanden, deren Verfahren mit einer Einstellung nach § 47 endete und eine Untersu-

---

[119]In allen drei Fällen lag spätestens beim Erziehungsgespräch ein Geständnis vor, nach Auffassung der Staatsanwaltschaft jedoch keine strafbare Handlung

chung zur Legalbewährung möglich war. Diese Vorgaben erfüllten 418 Probanden.

Tabelle 1: Verfahrensbeendigung

Verfahrensabschluß	n.	%
Total	446	100%
§ 47 Abs. 1 S.1 Nr.2	401	89,9%
§ 47 Abs. 1 S.2	17	3,8%
§ 47 Abs.1 S.1 Nr.2, jedoch keine Rückfallprüfung möglich	3	0,7%
§ 170 Abs.2 StPO	3	0,7%
Urteil	22	4,9%

Während des Untersuchungszeitraums wurden am Amtsgericht Rüsselsheim 774 Verfahren gegen Jugendliche und Heranwachsende durchgeführt, die mit einer Einstellung nach § 47 Abs.1 S.1 Nr.2 bzw. § 47 Abs.1 S.2 oder mit einer Verurteilung endeten. Hierbei erfolgten 353 Urteile und 421 Einstellungen nach § 47[120]. Dies entspricht einer Einstellungspraxis im Verhältnis von Verurteilung zu Einstellung nach § 47 von 54,4%.

In den Jahren 1991 - 1994 wurden in der Bundesrepublik Deutschland nach dem Gebietsstand bis zum 3. Oktober 1990, einschließlich Berlin - West 134.794 (34,2%) Jugendliche und Heranwachsende im Wege des § 47 sanktioniert[121] und 393.452 (65,8%) verurteilt[122]. Für das Land Hes-

---

[120]Interne Jugendstrafverfahrensstatistik 1991-1994 des Amtsgerichts Rüsselsheim (nicht veröffentlicht)
[121]Strafverfolgungsstatistik der Jahre 1991-1994, Fachserie 10 "Rechtspflege", Reihe 3 "Strafverfolgung", Tabelle 2.2 "Abgeurteilte nach Art der Entscheidung", Hrsg.: Statistisches Bundesamt Wiesbaden
[122]Strafverfolgungsstatistik 1994, Fachserie 10 "Rechtspflege", Reihe 3 "Strafverfolgung", Tabelle 1.1 "Abgeurteilte und Verurteilte 1976-1994" S.8, Hrsg.:Statistisches Bundesamt Wiesbaden

sen lag das Verhältnis 13.818[123] (48,7%) zu 26.959[124] (51,3%). Im Landgerichtsbezirk Darmstadt wurden 1.498[125] (38,2%) Jugendliche und Heranwachsende nach § 47 sanktioniert und 3.907[126] (61,8%) verurteilt. Daraus ergibt sich folgende durchschnittliche Einstellungspraxis bezogen auf alle Straftäter zwischen 14 und 20 Jahren, die nach Jugendstrafrecht verurteilt wurden oder deren Verfahren mit einer Einstellung nach § 47 endete:

Abbildung 2: Einstellungspraxis nach § 47 der Jahre 1991-1994 im Vergleich (*in Prozent*)

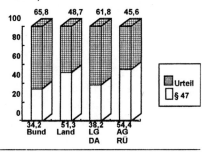

Für den Landgerichtsbezirk Darmstadt liegen nur Daten aus 1993 und 1994 vor, da aufgrund einer Überschwemmung im Archiv des Statistischen Landesamtes Hessen die archivierten statistischen Unterlagen der Jahrgänge 1991 und 1992 vernichtet wurden.
Mit Ausnahme der Einstellungspraxis des Amtsgerichtsbezirks Rüsselsheim beziehen sich die Jahresangaben auf den Zeitpunkt der rechtskräftigen jugendrichterlichen Entscheidung. Die Daten der Verfahrenseinstellung nach § 47 für die Jahre 1991-1994 in Rüsselsheim basieren auf

---

[123] Strafverfolgungsstatistik des Landes Hessen 1991-1994, "Abgeurteilte und Verurteilte nach der Straftat und Entscheidungen sowie Alter der Verurteilten", Tabelle R1 Teil 2 Nr.0, Hrsg.:Statistisches Landesamt Hessen
[124] Strafverfolgungsstatistik des Landes Hessen 1991-1994, "Abgeurteilte und Verurteilte nach der Straftat und Entscheidungen sowie Alter der Verurteilten", Tabelle R1 Teil 1, Nr.0, Hrsg.:Statistisches Landesamt Hessen
[125] Strafverfolgungsstatistiken 1993 und 1994 für den Landgerichtsbezirk Darmstadt "Abgeurteilte und Verurteilte nach der Straftat und Entscheidungen sowie Alter der Verurteilten", Tabelle R1 Teil 2 Nr.0, Hrsg.: Statistisches Landesamt Hessen
[126] Strafverfolgungsstatistiken 1993 und 1994 für den Landgerichtsbezirk Darmstadt "Abgeurteilte und Verurteilte nach der Straftat und Entscheidungen sowie Alter der Verurteilten", Tabelle R1 Teil 1 Nr.0, Hrsg.: Statistisches Landesamt Hessen

dem Zeitpunkt des Erziehungsgesprächs. Die Zahlenangaben sind daher nur Näherungswerte.
Die Datenergebnisse sind jedoch insgesamt nicht geeignet, erschöpfend Aussagen über die "Diversionsfreudigkeit" der am Jugendstrafverfahren Beteiligten zu treffen. So erfolgen informelle Verfahrenseinstellungen eben auch nach § 45 über die Staatsanwaltschaft. Daneben sind Einstellungen nach §§ 153b -145e StPO bei Jugendlichen und Heranwachsenden, auf die das Jugendstrafrecht Anwendung findet, ebenfalls möglich[127].
Zum Teil werden sogar Einstellungen nach § 153 Abs.1 und § 153a Abs.1 StPO für praktikabel erachtet, wenn der junge Straftäter nicht geständig ist und so eine Anwendung der §§ 45, 47 ausgeschlossen ist[128]. Die Gewichtung der einzelnen Einstellungsmöglichkeiten in den Land- und Amtsgerichtsbezirken kann dabei unterschiedlich ausfallen, so daß die Einstellungszahlen zu § 47 allenfalls nur einen Teilausschnitt der informellen Verfahrenseinstellung aufzeigen können.
Bei Zugrundelegung aller Verurteilungen und Einstellungen nach § 47 errechnet sich bei der Untersuchung von Heinz/Hügel für das Jahr 1980 eine Einstellungsquote von 40,1% für die Bundesrepublik Deutschland[129].
Bei Hock- Leydecker ergibt sich eine Einstellungsquote von 48,7% im Jahr 1985 für den Landgerichtsbezirk Frankenthal / Pfalz[130]. Hierbei ist jedoch zu berücksichtigen, daß nur Jugendliche Gegenstand der Untersuchung waren[131].
Aus der Untersuchung von Heinz / Storz errechnet sich hingegen für das Jahr 1989 nur eine Quote von 30,2% für das Bundesgebiet[132].

---

[127]Brunner/Dölling (1996, § 45 Rdnr. 3)
[128]so Eisenberg (1997, § 45 Rdnr. 10-12); ablehnend Böhm (1992, S.778 ff); Diemer/Schoreit/Sonnen (1999, § 45 Rdnr. 9)
[129]Heinz/Hügel (1987, S.30);Bei 323 Probanden erfolgten Einstellungen nach § 47 und bei 482 Probanden Verurteilungen.
[130]Hock-Leydecker (1994, S. 33). Danach erfolgten 232 Verurteilungen und 220 Einstellungen nach § 47.
[131]Hock-Leydecker (1994 S.18)
[132]Heinz/Storz (1992, S. 38) Von insgesamt 123660 Verfahren erfolgten 86293 Verurteilungen und 37367 Einstellungen der Verfahren nach §47 a.F.

2. Täterbezogene Merkmale

2.1 Alter zum Tatzeitpunkt und Geschlecht

Von den 418 Probanden waren 318 (76%) Jugendliche und 100 (24%) Heranwachsende. Mit 208 (49,8%) straffälligen Jugendlichen war die Altersgruppe der 14 - 16jährigen am stärksten belastet. Die geringste Delinquenz trat im Alter zwischen 18 Jahren und 19 Jahren auf. Hier wurden nur 41 (9,8%) Heranwachsende straffällig. Von den 318 Jugendlichen waren 207 (65,1%) männlichen und 111 (34,9%) weiblichen Geschlechts. Bei den Heranwachsenden lag ein Verhältnis von 79 (79%) zu 21 (21%) vor. Insgesamt waren danach 286 (68,4%) Probanden männlich und 132 (31,6%) weiblich. Das Geschlechterverhältnis lag damit insgesamt bei ca. 1:2.

Tabelle 2: Alter zum Tatzeitpunkt

Alter		m	w
Total	418	286	132
	100%	100%	100%
14.0 - 15.0	106	65	41
	25,4%	22,7%	31,1%
15.1 - 16.0	102	61	41
	24,4%	21,3%	31,1%
16.1 - 17.0	62	44	18
	14,8%	15,4%	13,6%
17.1 - 17.9	48	37	11
	11,5%	12,9%	8,3%
18.0 - 19.0	41	31	10
	9,8%	10,8%	7,6%
19.1 - 20.3	59	48	11
	14,1%	16,8%	8,3%

Allgemein gehen die Befunde zu straffälligen Frauen davon aus, daß diese an der Kriminalität weit weniger beteiligt sind als Männer[133]. Insbesondere in der Altersgruppe 18 - 21 Jahre liegt das Verhältnis der weiblichen zu den männlichen Tatverdächtigten bei nur 1:5[134]. Für diesen Altersbereich

---

[133]Feest(1993, S. 143)
[134]Böhm (1996, S.33 m.w.N.)

decken sich die Ergebnisse mit der vorliegenden Untersuchung. Hier lag das Verhältnis über 1:4 (n.21 von n.100). Anders verhält es sich in der Gruppe der 14 -16 jährigen. Von den 208 Jugendlichen waren 82 weiblichen Geschlechts. Dies entspricht einem Anteil von 38,9% bzw. einem Verhältnis unter 1:2. Auch nach der polizeilichen Kriminalstatistik (PKS) ist der Anteil der weiblichen Tatverdächtigen in dieser Altersgruppe deutlich höher als bei den Heranwachsenden. Bei der Bagatellkriminalität, und zwar vor allem beim Ladendiebstahl, nähern sich die Tatverdächtigen - Anteile der Geschlechter stärker an. Da auch im Rüsselsheimer Versuch der Ladendiebstahl insgesamt 60% aller Taten ausmacht, und von den weiblichen Tätern sogar 86,5% nur wegen Ladendiebstahls auffielen, kommt es bei einem Vergleich auch gerade auf die hierfür in der PKS ermittelten Anteile an. Sie betrugen für 1995 bei den 14 -16jährigen Tatverdächtigen 38% Mädchen, bei den heranwachsenden Tatverdächtigen 32,4% junge Frauen[135]. So kann man insgesamt sagen, daß die Ergebnisse der vorliegenden Untersuchung von den Feststellungen der polizeilichen Kriminalstatistik nicht abweichen.

2.2 Nationalität und Geschlecht

Durch die besondere Industriestruktur Rüsselsheims mit dem Opel - Automobilwerk und dem nahegelegenen Rhein - Main -Flughafen leben im Amtsgerichtsbezirk Rüsselsheim eine erhebliche Anzahl von Ausländern, welche vornehmlich dem Arbeitermilieu angehören. Dies hat einen hohen Ausländeranteil von Jugendlichen und Heranwachsenden in der Bevölkerung zur Folge. So betrug der Ausländeranteil der 14 - 21jährigen in Rüsselsheim, Raunheim und Kelsterbach während des Untersuchungszeitraums mindestens 43,7%[136]. Der allgemeine Ausländeranteil dieser Gemeinden lag dagegen nur bei insgesamt 26% [137].

---

[135]Polizeiliche Kriminalstatistik 1995, Statstisches Bundesamt Wiesbaden (Hrsg.)
[136]Statistischer Jahresbericht der Stadt Rüsselsheim 1996 (errechnet aus dem Ausländeranteil der Schulen). Da Jugendliche und Heranwachsende, die keine Schule besuchten, hierbei nicht berücksichtigt werden konnten, handelt es sich um einen Näherungswert. Bevölkerungsstatistik der Stadt Raunheim 1996 (errechnet aus den Geburtsjahrgängen).
Nationalitätenstatistik der Gemeinde Kelsterbach 1991-1994
[137]Statistischer Bericht der Stadt Rüsselsheim 1996

In der vorliegenden Untersuchung stellt sich der Anteil jugendlicher und heranwachsender Ausländer, die delinquent wurden, erheblich höher dar als ihr Anteil an der Gesamtbevölkerung. So waren 52,6% (n.220) der Probanden Ausländer. Davon waren 27,7% (n.61) weiblichen Geschlechts. Bei den deutschen Probanden waren dagegen 35,9% (n.71) Mädchen und junge Frauen vertreten.

Tabelle 3: Verteilung der Nationalitäten

	Total	m.	w.	J	H
Total	418 100%	286 100%	132 100%	318 100%	100 100%
Deutsch	198 47,4%	127 44,4%	71 54,2%	143 45,0%	55 55%
Türkisch	90 21,5%	69 24,1%	21 16,0%	73 23,0%	17 17%
Griechisch	14 3,3%	11 3,8%	3 2,3%	11 3,5%	3 3%
Marokkanisch	47 11,2%	36 12,6%	11 8,4%	40 12,6%	7 7%
Italienisch	11 2,6%	8 2,8%	3 2,3%	8 2,5%	3 3%
Jugoslawisch	15 3,6%	7 2,4%	8 6,1%	8 2,5%	7 7%
Spanisch	9 2,2%	6 2,1%	3 2,3	8 2,5%	1 1%
Russisch	2 0,5%		2 1,5%	1 0,3%	1 1%
Algerisch	1 0,2%	1 0,3%			1 1%
Sonstige	31 7,4%	21 7,3%	10 7,6%	26 8,2%	5 5%

Ausländerkriminalität in der Bundesrepublik Deutschland ist ein Bereich, der in der kriminologischen Forschung einen umfangreichen Platz einnimmt. In den polizeilichen Kriminalitätsstatistiken liegt der Anteil der ausländischen Tatverdächtigen regelmäßig über deren Anteil in der Wohnbevölkerung[138]. Diese erhöhte Kriminalitätsbelastung wird von jeher

---

[138]Bock (1995, S. 149)

einer besonders kritischen Betrachtungsweise unterzogen, indem man auf Verzerrungsfaktoren hinweist, die ein falsches Bild erzeugen. Insbesondere wird darauf verwiesen, daß die maßgebenden Statistiken alle Ausländer, auch diejenigen, die nicht in der Bundesrepublik leben, erfassen. Weitere Verzerrungen treten auf, wenn man die Delikte einbezieht, die nur von Ausländern begangen werden können[139]. Während diese Gesichtspunkte im Rahmen des Rüsselsheimer Versuchs keine Rolle spielen können - leichte ausländerspezifische Delikte sind zwar Bestandteil, treten jedoch selten auf - dürfte der niedrigere soziale Status und die oft schlechtere Ausbildung der ausländischen männlichen Jugendlichen und Heranwachsenden zur Erklärung einer höheren Delinquenzbelastung beitragen. Der Anteil der ausländischen weiblichen Delinquenten im Rüsselsheimer Versuch lag dagegen niedriger als der Anteil der deutschen weiblichen Straffälligen. Auch hatten sämtliche Jugendliche und Heranwachsenden ihren Wohnort im Amtsgerichtsbezirk Rüsselsheim oder in seiner Nähe. Zudem wird vielfach als Grund für die hohen Tatverdächtigen -Zahlen bei Ausländern die erhöhte Anzeigebereitschaft der deutschen Bevölkerung gegenüber ausländischen Tatverdächtigen genannt. Nach der polizeilichen Kriminalstatistik ist bei den nichtdeutschen jugendlichen und heranwachsenden Tatverdächtigen der Männeranteil höher als bei den Deutschen. So waren nach der PKS 1995 von den tatverdächtigen deutschen Jugendlichen 24% Mädchen, von den tatverdächtigen nichtdeutschen Jugendlichen aber nur knapp 20%. Bei den weiblichen Heranwachsenden waren es jeweils 17%. Auch die Verurteiltenstatistik 1994 weist einen deutschen Mädchenanteil von 12,5% aus, wobei der Anteil der verurteilten nichtdeutschen weiblichen Jugendlichen nur bei 8% lag. Bei den Heranwachsenden betrug das Verhältnis 8% zu 9%[140]. Die vorliegende Untersuchung belegt diese Aussagen auch für den Amtsgerichtsbezirk Rüsselsheim.

Insgesamt ist festzustellen, daß Untersuchungen zur Kriminalitätsbelastung junger Ausländer zu einer erhöhten Delinquenz dieser Bevölkerungsgruppe kommen[141].

---

[139]Bock (1995, S.145)
[140]Strafverfolgungsstatistik 1994, Statischtisches Bundesamt (Hrsg.)
[141]Schwind (1998, S. 456 ff. m.w.N.)

2.3 Schule und Beruf

2.3.1 Zum Tatzeitpunkt besuchte Schule

Von den 418 Probanden machten 404 Delinquenten bei der polizeilichen Vernehmung Angaben zu ihrer Schulbildung. Danach wurde die Schulform der integrierten Gesamtschule mit 22% (n.89) am häufigsten gewählt. Die vorgenommene Aufteilung zwischen Haupt- und Realschule bedarf einer vorsichtigen Betrachtung. So handelt es sich bei diesen Schulen im Amtsgerichtsbezirk Rüsselsheim um solche, die gleichzeitig einen Haupt- und Realschulzweig anbieten. Da in mehreren Fällen die polizeilichen Feststellungen zur Person mit der Aussage der Beschuldigten im Hinblick auf die Schulform nicht übereinstimmten, muß davon ausgegangen werden, daß Fehleintragungen erfolgten.
8,2% (n.33) der Probanden besuchten keine Schule und erfüllten damit eines der Formalkriterien des Versuchs nicht. Da sie jedoch noch im Elternhaus wohnten, wurde sie im Rüsselsheimer Versuch behandelt. (Siehe Tabelle 4).

2.3.2 Schulabschluß

Von jenen Delinquenten, welche die Schule zum Tatzeitpunkt beendet hatten, besaßen 13 Jugendliche, also 27,1% dieser Tätergruppe keinen Schulabschluß. Insgesamt überwog bei den Jugendlichen der Hauptschulabschluß und bei den Heranwachsenden der Realschulabschluß. Hierbei wurde der Hauptschulabschluß als "Durchgangsstadium" zum Realschulabschluß nicht berücksichtigt. Hatte ein Jugendlicher bereits den Hauptschulabschluß absolviert und befand sich noch auf einer weiterführenden Schule, sofern es sich nicht um die Berufsschule handelte, wurde er in der Erhebung als Schüler unter der Rubrik "keine Angaben" aufgeführt. (Siehe Tabelle 5).

Tabelle 4: Schule

	Total	m	w	J	H
Total	418	286	132	318	100
	100%	100%	100%	100%	100%
Keine Angabe	14	9	5	8	6
	3,4%	3,1%	3,8%	2,5%	6,0%
Total	404	277	127	310	94
	100%	100%	100%	100%	100%
Keine Schule	33	27	6	13	20
	8,2%	9,7%	4,7%	5,2%	21,3%
Sonderschule	6	6		6	
	1,5%	2,2%		1,9%	
Hauptschule	67	38	29	63	4
	16,6%	13,7%	22,8%	11,6%	4,3%
Berufsschule	72	61	11	30	42
	17,8%	22,0%	8,7%	9,7%	44,7%
Gesamtschule	89	62	27	89	
	22,0%	22,4%	21,3%	28,7%	
Realschule	48	26	22	48	
	11,9%	9,4%	17,3%	15,5%	
Gymnasium	52	32	20	33	19
	12,9%	11,6%	15,7%	10,6%	20,2%
Berufsfachs.	20	16	4	18	2
	4,9%	5,8%	3,1%	5,8%	2,1%
Universität	3	1	2		3
	0,7%	0,4%	1,6%		3,2%
Volkshochs.	14	8	6	10	4
	3,5%	2,9%	4,7%	3,2%	4,3%

Tabelle 5: Schulabschluß

	Total	m	w	J	H
Total	418 100%	286 100%	132 100%	318 100%	100 100%
Keine Angaben	314 75,1%	200 69,9%	114 86,3%	270 84,9%	44 44,0%
Total	104 100%	86 100%	18 100%	48 100%	56 100%
Kein Abschluß	13 12,5%	11 12,8%	2 18,2%	13 27,1%	
Sonderschulabschluß	1 1,0%	1 1,2%		1 2,1%	
Hauptschulabschluß	53 51,0%	43 50,0%	10 55,6%	26 54,2%	27 48,2%
Mittlere o Fachschulreife	33 31,7%	29 33,7%	4 22,2%	8 16,7%	25 44,6%
Abitur	4 3,8%	2 2,3%	2 11,1%		4 7,1%

Obwohl sich ¾ der untersuchten Probanden noch in der Schule befanden und über keinen endgültigen Abschluß verfügten, in der Tabelle unter > keine Angaben < aufgeführt, stellten sich für die Probanden, welche bereits die Schullaufbahn abgeschlossen hatten, erwähnenswerte Unterschiede heraus. So lag die Schulbildung bei den ausländischen Straftätern unter der der deutschen Delinquenten. Insbesondere die Verteilung bei Haupt- und Realschulabschluß lag in beiden Richtungen bei 1:3: 18,9% (n.10) der ausländischen Probanden verfügten über keinen Schulabschluß. Bei den deutschen Jugendlichen und Heranwachsenden lag der Anteil nur bei 5,3% (n.3). (Siehe Tabelle 6).

Tabelle 6: Schulabschluß und Nationalität

	Total	Deutsche	Ausländer
Total	418	198	220
	100%	100%	100%
Keine Angaben	314	147	167
	75,1%	74,2%	75,9%
Total	104	57	53
	100%	100%	100%
Kein Abschluß	13	3	10
	12,5%	5,3%	18,9%
Sonderschulabschluß	1	1	
	1,0%	1,8%	
Hauptschulabschluß	53	20	33
	51,0%	35,1%	62,3%
Mittlere oFachschulreife	33	24	9
	31,7%	42,1%	17,0%
Abitur	4	3	1
	3,8%	5,3%	1,9%

2.3.3 Ausgeübter Beruf

410 Probanden machten Angaben zu ihrem ausgeübten Beruf. Hiervon waren 74% (n.299) Schüler. Immerhin gingen 3,7% (n.15) der Probanden einer hauptberuflichen Erwerbstätigkeit nach, wobei vier hiervon noch Jugendliche waren. Da diese 15 Delinquenten jedoch noch im Elternhaus wohnten, wurden sie dennoch in den Rüsselsheimer Versuch aufgenommen. Gleiches galt für eine heranwachsende Probandin, die als Beruf Hausfrau und Mutter angegeben hatte. Auch sie wohnte noch in ihrem Elternhaus. Drei Berufsschüler verfügten über keine Lehrstelle, so daß sie nicht als Auszubildende, sondern als Schüler gezählt wurden. (Siehe Tabelle 7).

Tabelle 7: Berufliche Tätigkeit

	Total	m	w	J	H
Total	418 100%	286 100%	132 100%	318 100%	100 100%
Keine Angaben	14 3,3%	9 2,2%	5 3,8%	8 2,5%	6 6,0%
Total	404 100%	277 100%	127 100%	310 100%	94 100%
Hauptberufl. Erwerb	15 3,7%	13 4,7%	2 1,6%	4 1,3%	11 11,7%
arbeitslos	16 4,0%	13 4,7%	3 2,4%	9 2,9%	7 7,4%
Wehr o. Ersatzdienst	1 0,2%	1 0,7%			1 1,1%
Schüler	299 74,0%	191 69,0%	108 85,0%	273 88,1%	26 27,7%
Student	3 0,7%	1 0,7%	2 1,6%		3 3,2%
Azubi	69 17,0%	58 20,9%	11 8,7%	23 7,4%	46 48,9%
Hausfrau	1 0,2%		1 0,4%	1 0,3%	

5,7% (n.12) der ausländischen Probanden standen zum Tatzeitpunkt in einem Beschäftigungsverhältnis, bei den deutschen Probanden waren es dagegen nur 1,5% (n.3). (Siehe Tabelle 8).

Tabelle 8: Berufliche Tätigkeit unter Berücksichtigung der Nationalität

		Deutsche	Ausländer
Total	418 100%	198 100%	220 100%
Keine Angaben	14 3,3%	4 1,0%	10 2,4%
Total	404 100%	194 100%	210 100%
Hauptberufl.Erwerb	15 3,7%	3 1,5%	12 5,7%
arbeitslos	16 4,0%	6 3,1%	10 4,8%
Wehr o. Ersatzdienst	1 0,2%	1 0,5%	
Schüler	299 74,0%	140 72,2%	159 75,7%
Student	3 0,7%	2 1,0%	1 0,5%
Azubi	69 17,0%	42 21,6%	27 12,8%
Hausfrau	1 0,2%		1 0,5%

2.3.4 Eigene Leistungseinschätzung der Probanden

Auf die Frage der subjektiven Leistungseinschätzung in der Ausbildung bezeichneten von 247 Probanden, die hierzu Angaben machten, 16,2% (n.40) diese als schlecht. 58,3% (n.144) betrachteten sie als mittelmäßig, 22,7% (n.56) als gut und 2,8% (n.7) als sehr gut.

Insgesamt bewerteten Heranwachsende ihre Leistung besser als Jugendliche. Bei der Geschlechteraufteilung bewerteten die männlichen Delinquenten ihre Leistungen häufiger als "schlecht" als die weiblichen. Da im polizeilichen Ermittlungsprotokoll keine Feststellungen zu dem tatsächlichen Leistungsstand der jungen Tatverdächtigen getroffen wurden, konnten die Angaben der Probanden nicht überprüft werden. (Siehe Tabelle 9).

Tabelle 9: Subjektive Leistungseinschätzung

	Total	m	w	J	H
Total	418 100%	286 100%	132 100%	318 100%	100 100%
Keine Angaben	171 40,9%	125 43,7%	46 34,8%	102 32,1%	69 69,0%
Total	247 100%	161 100%	86 100%	216 100%	31 100%
schlecht	40 16,2%	32 19,9%	8 9,3%	38 17,6%	2 6,5%
mittelmäßig	144 58,3%	87 54,0%	57 66,3%	131 60,6%	13 41,9%
gut	56 22,7%	37 23,0%	19 22,1%	41 19,0%	15 48,4%
sehr gut	7 2,8%	5 3,1%	2 2,3%	6 2,8%	1 3,2%

2.4 Einkommen / Taschengeld

Von den 418 Probanden machten 328, also 78,5%, Angaben zu ihren zur Verfügung stehenden finanziellen Mitteln, also eigenem Einkommen oder Taschengeld, welches sie von den Eltern erhielten. 34,1% (n.112) der Probanden gaben an, über kein regelmäßiges Taschengeld zu verfügen oder etwa durch Jobben nebenher Geld zu verdienen. Hiervon waren die weiblichen Probanden stärker betroffen, sie mußten mit weniger Taschengeld im Monat auskommen als die männlichen Probanden. (Siehe Tabelle 10).

Tabelle 10: Taschengeld / Einkommen

	Total	m	w	J	H
Total	418	286	132	318	100
	100%	100%	100%	100%	100%
Keine Angaben	90	65	25	70	20
	21,5%	22,7%	18,9%	22,0%	20,0%
Total	328	221	107	248	80
	100%	100%	100%	100%	100%
bis 50DM	74	41	33	70	4
	22,6%	18,6%	30,8%	28,2%	5,0%
bis100 DM	39	27	12	35	4
	11,9%	12,2%	11,2%	14,1%	5,0%
bis 500 DM	45	37	6	27	18
	13,7%	16,7%	5,6%	10,9%	22,5%
bis1000DM	43	35	8	13	30
	13,1%	15,8%	7,5%	5,2%	37,5%
Über 1000DM	15	13	2	5	10
	4,6%	5,9%	1,9%	2,0%	12,5%
Kein Einkommen	112	68	44	98	14
	34,1%	30,8%	41,1%	39,5%	17,5%

2.5 Beruf Eltern

Das Berufsbild der Eltern der Probanden wurde in der vorliegenden Untersuchung erheblich von der Industriestruktur des Einzugsgebietes des Amtsgerichts Rüsselsheims geprägt.

2.5.1 Beruf Vater

In 323 Fällen (77,3%) wurden Angaben zum Beruf des Vaters gemacht. Mit 44,3% (n.148) an - und ungelernten Arbeitern nahm diese Berufsgruppe, die der Unterschicht zugeordnet wurde, bei den Vätern den größten Anteil ein. (Siehe Tabelle 11).

Tabelle 11: Beruf Vater

	Total	m	w	J	H
Total	418 100%	286 100%	132 100%	318 100%	100 100%
Keine Angaben	95 22,7%	66 23,1%	29 22,0%	69 21,7%	26 26,0%
Total	323 100%	220 100%	103 100%	249 100%	74 100%
Gehobene Mittelschicht					
Akad. freie Berufe u. Selbständige	17 5,3%	13 5,9%	4 3,9%	7 2,8%	10 13,5%
Beamte	5 1,5%	4 1,8%	1 1,0%	3 1,2%	2 2,7%
Gehobene Angestellte	56 17,3%	32 14,5%	24 23,3%	45 18,1%	11 14,9%
Untere Mittelschicht					
Vorarbeiter und Meister	44 13,6%	28 12,7%	16 15,5%	31 12,4%	13 17,6%
Gelernte - und Facharbeiter	39 9,3%	26 11,8%	13 12,6%	30 12,0%	9 12,2%
Einfache Angestellte	9 2,8%	5 2,3%	4 3,9%	9 3,9%	
Unterschicht					
An - und ungelernte Arbeiter	148 44,3%	108 49,1%	40 38,8%	120 48,2%	28 37,8%
arbeitslos	5 1,5%	4 1,8%	1 1,0%	4 1,6%	1 1,4%

Bei den Ausländern waren deutlich mehr Väter, nämlich 73,7% (n.129) an - und ungelernte Arbeiter. Daß die "Mädchenväter" (Tab. 11) einen höheren Ausbildungsstand aufwiesen, dürfte damit zusammenhängen, daß der Ausländeranteil bei den Mädchen geringer war. (Siehe Tabelle 12).

Tabelle 12: Beruf Vater unter Berücksichtigung der Nationalität

	Total	Deutsche	Ausländer
Total	418 100%	198 100%	220 100%
Keine Angaben	95 22,8%	50 25,3%	45 20,5%
Total	323 100%	148 100%	175 100%
Gehobene Mittelschicht			
Akad. freie Berufe u. Selbständige	17 5,3%	13 8,8%	4 2,3%
Beamte	5 1,5%	5 3,4%	
Gehobene Angestellte	56 17,3%	47 31,8%	9 5,1%
Untere Mittelschicht			
Vorarbeiter und Meister	44 13,6%	37 25%	7 4,0%
Gelernte - und Facharbeiter	39 9,3%	22 14,9%	17 9,7%
Einfache Angestellte	9 2,8%	4 2,7%	5 2,9%
Unterschicht			
An - und ungelernte Arbeiter	148 44,3%	19 12,8%	129 73,7%
Arbeitslos	5 1,5%	1 0,7%	4 2,3%

2.5.2 Beruf Mutter

357 (85,4%) Probanden machten bei der polizeilichen Vernehmung Angaben zur Berufstätigkeit der Mutter. Nur 58,8% (n.210) der Mütter waren Hausfrauen und gingen keinem Beruf nach.

Tabelle 13: Beruf Mutter

	Total	m	w	J	H
Total	418 100%	286 100%	132 100%	318 100%	100 100%
Keine Angaben	61 14,6%	44 15,4%	17 12,4%	41 12,9%	20 20,0%
Total	357 100%	242 100%	115 100%	277 100%	80 100%
Gehobene Mittelschicht					
Akad. freie Berufe u. Selbständige	10 2,8%	4 1,7%	6 5,2%	9 3,2%	1 1,3%
Beamte	6 1,7%	5 2,1%	1 0,9%	4 1,4%	2 2,4%
Gehobene Angestellte	52 14,6%	34 14,0%	18 15,7%	38 13,7%	14 17,5%
Untere Mittelschicht					
Vorarbeiter und Meister					
Gelernte - und Facharbeiter	6 1,7%	3 1,2%	3 2,6%	5 1,8%	1 1,3%
Einfache Angestellte	27 7,6%	18 7,4%	9 7,8%	21 7,6%	6 7,5%
Unterschicht					
An - und ungelernte Arbeiter	45 12,6%	31 12,8%	14 12,2%	37 13,4%	8 10,0%
Arbeitslos	1 0,3%		1 0,9%	1 0,4%	
Neutral					
Hausfrau	210 58,8%	147 60,7%	63 54,8%	162 58,5%	48 60,0%

Bei den ausländischen Müttern waren 72,3% (n.141) Hausfrauen. Bei den deutschen Müttern lag der Anteil der Hausfrauen dagegen nur bei 42,6% (n.69). Waren nichtdeutsche Mütter berufstätig, übten sie überwiegend an - und ungelernte Tätigkeiten aus. Berufstätige deutsche Mütter standen dagegen meist im Angestelltenverhältnis.

Tabelle 14: Beruf Mutter unter Berücksichtigung der Nationalität

	Total	Deutsche	Ausländer
Total	418 100%	198 100%	220 100%
Keine Angaben	61 14,6%	36 18,2%	25 11,4%
Total	357 100%	162 100%	195 100%
Gehobene Mittelschicht			
Akad. freie Berufe u. Selbständige	10 2,8%	9 5,6%	1 0,5%
Beamte	6 1,7%	6 3,7%	
Gehobene Angestellte	52 14,6%	46 28,4%	5 2,6%
Untere Mittelschicht			
Einfache Angestellte	27 7,6%	18 11,1%	9 4,6%
Vorarbeiter und Meister			
Gelernte - und Facharbeiter	6 1,7%	6 3,7%	
Unterschicht			
An - und ungelernte Arbeiter	45 12,6%	7 4,3%	38 19,5%
Arbeitslos	1 0,3%	1 0,6%	
Neutral			
Hausfrau	210 58,8%	69 42,6%	141 72,3%

2.5.3 Umfassende Betrachtung

Insgesamt waren nur 1,5% (n.5) der Väter und 0,3% (n.1) der Mütter arbeitslos. Die Arbeitslosenquote der Eltern der im Rüsselsheimer Versuch behandelten Probanden lag damit weit unter der durchschnittlichen Arbeitslosenquote in Rüsselsheim mit 5,2 %[142]. Im Landesarbeitsamtsbezirk Hessen lag die Quote für diesen Zeitraum sogar bei 6,5%[143]. In finanzieller Hinsicht kann deshalb nicht davon gesprochen werden, dass die jungen Straftäter aus sozial schwachen Familien stammten. Durch die starke Anbindung Rüsselsheims an Opel ist der hohe Anteil von un - oder angelernten ausländischen Arbeitern, welche vornehmlich in der Fahrzeugfabrikation tätig sind, nicht überraschend. Die Schichtzugehörigkeit der jungen Delinquenten entspricht vielmehr der Sozialstruktur des Amtsgerichtsbezirks Rüsselsheims. Bedenken dahingehend, Jugendliche und Heranwachsende aus den oberen sozialen Schichten könnten einen Vorsprung bei den informellen Verfahrenseinstellungen gegenüber anderen sozialen Schichten haben[144], haben sich im vorliegenden Projekt nicht bestätigt.

2.6. Familienstand Eltern

In 22 Fällen wurden keine Angaben zum Familienstand der Eltern gemacht, diese blieben deshalb unberücksichtigt. 78,5% (n.311) der Elternpaare waren zum Zeitpunkt der polizeilichen Vernehmung des Jugendlichen bzw. Heranwachsenden verheiratet. 17,4% (n.69) waren geschieden, wobei die Scheidungsrate von deutschen Eltern bei 25,3% (n.50 von n.198) lag. In 3,8% (n.15) der Fälle war ein Elternteil verwitwet, eine Mutter war ledig. Nimmt man das Merkmal "geschieden" als Indiz für die Annahme eines "broken homes", scheint die Tätergruppe mit geschiedenen Eltern nicht stärker delinquent belastet zu sein, bezogen auf die Einsatztat im Rüsselsheimer Versuch zu sein. (Siehe Tabelle 15).

---

[142] Statistischer Bericht der Stadt Rüsselsheim 1992-1995
[143] Statistischer Bericht der Stadt Rüsselsheim 1992-1995
[144] so aber Schaffstein (1985, S. 949 f.)

Tabelle 15: Familienstand der Eltern

	Total	m	w	J	H
Total	418 100%	286 100%	132 100%	318 100%	100 100%
Keine Angabe	22 5,3%	16 5,6%	6 4,5%	13 4,1%	9 9,9%
Total	396 100%	270 100%	126 100%	305 100%	91 100%
Verheiratet	311 78,5%	216 80,0%	95 75,4%	238 78,0%	73 80,2%
Geschieden	69 17,4%	46 17,0%	23 18,3%	53 17,4%	16 17,6%
Verwitwet	15 3,8%	7 2,6%	8 6,3	14 4,6%	1 1,1%
Ledig	1 0,3%	1 0,4%			1 1,1%

2.7 Kontakt zu Erziehungsberechtigten

120 (28,7%) der Probanden machten gegenüber der Polizei keine Angaben zu ihrem Kontakt zu den Erziehungsberechtigten. Diese Fälle blieben deshalb in der Berechnung unberücksichtigt. Die weiblichen Delinquenten bewerteten ihr Verhältnis zu den Eltern schlechter als die männlichen Probanden.
87,2% (n.260) der Befragten gaben an, ein gutes Verhältnis zu den Erziehungsberechtigten zu haben, wobei bei den weiblichen Delinquenten der Anteil nur bei 79,2% (n.76) lag. Trotz dieser Auswertung ist das Ergebnis kritisch zu betrachten.
Bei der Auswertung der Akten fiel auf, daß in mehreren Fällen das Verhältnis zu den Eltern als sehr gut bezeichnet wurde, aus der Akte jedoch ersichtlich wurde, daß erhebliche Probleme zwischen den Probanden und Eltern bestanden. In drei Fällen war dem ermittelnden Beamten die familiäre Situation durch Verfahren gegen andere Familienangehörige bekannt. Diese Informationen wurden teilweise in Aktenvermerken der Polizei gesammelt. In einem Fall zeigte sich das äußerst angespannte Verhältnis zu den Eltern erst im Erziehungsgespräch mit dem Jugendrichter. Als Maßnahme erfolgte hier die Übergabe des Jugendlichen in eine betreute Wohngruppe.

Es kann danach nicht ausgeschlossen werden, daß delinquent gewordene Jugendliche und Heranwachsende in ihrer polizeilichen Vernehmung auf Probleme mit ihren Eltern nicht eingehen. Nur in einem Fall äußerte eine Jugendliche, die Straftat ausschließlich zu dem Zweck begangen zu haben, um an ihren Eltern "Rache zu nehmen". Hierfür spricht auch der Umstand, daß weibliche Probanden häufiger als die männlichen Delinquenten über einen schlechteren Kontakt zu den Eltern sprachen. Möglicherweise war diese Tätergruppe eher bereit, Einblick in die tatsächlichen familiären Verhältnisse zu gewähren.

Tabelle 16: Kontakt zu Erziehungsberechtigten

	Total	m	w	J	H
Total	418 100%	286 100%	132 100%	318 100%	100 100%
Keine Angaben	120 28,7%	84 29,4%	36 27,3%	87 27,4%	33 33,0%
Total	298 100%	202 100%	96 100%	231 100%	67 100%
Schlecht	16 5,4%	6 3,0%	10 10,4%	12 5,2%	4 6,0%
Mittelmäßig	22 7,4%	12 5,9%	10 10,4%	17 7,4%	5 7,5%
Gut	260 87,2%	184 91,1%	76 79,2%	202 87,4%	58 86,6%

2.8 Familienverhältnisse

2.8.1 Wohnen im Haushalt

Eine der wesentlichen Voraussetzungen für den Rüsselsheimer Versuch ist die Wohnanbindung der Jugendlichen oder Heranwachsenden an den familiären Haushalt. Nicht immer wurde diese Voraussetzung erfüllt. In 16 Fällen waren den Akten die Haushaltsumstände der Delinquenten nicht zu entnehmen und blieben deshalb unberücksichtigt. Vier Probanden lebten allein, drei mit einem Partner zusammen. Dennoch wurden sie in den Rüsselsheimer Versuch aufgenommen.

Der überwiegende Teil, 73,1% (n.294) der Probanden, lebte jedoch bei den Eltern, hiervon waren 226 Untersuchte unter 18 Jahre. 18,3% (n.74) der jungen Straftäter lebten dagegen nur bei einem Elternteil. In 6,7% (n.27) der Fälle lebte ein Elternteil mit einem neuen Partner zusammen.

Tabelle 17: Wohnen im Haushalt

	Total	m	w	J	H
Total	418 100%	286 100%	132 100%	318 100%	100 100%
Keine Angaben	16 3,8%	12 4,2%	4 3,0%	7 2,2%	9 9,0%
Total	402 100%	274 100%	128 100%	311 100%	91 100%
Nach den Kriterien des Rüsselsheimer Versuchs					
Eltern	294 73,1%	204 74,5%	90 70,3%	226 72,7%	68 74,7%
Mutter	61 15,2%	46 16,8%	15 11,7%	48 15,4%	13 14,3%
Vater	13 3,1%	8 2,9%	5 3,9%	9 2,9%	4 4,4%
Mutter-Stiefvater	16 4,0%	6 2,2%	10 7,8%	15 4,8%	1 1,1%
Vater-Stiefmutter	5 1,2%	4 1,5%	1 0,8%	5 1,6%	
Mutter-Freund	6 1,5%	2 0,7%	4 3,1%	6 1,9%	
Außerhalb der Kriterien des Rüsseslheimer Versuchs					
Mit Partner	3 0,7%	2 0,7%	1 0,8%	1 0,3%	2 2,2%
Allein	4 1,0%	2 0,7%	2 1,6%	1 0,3%	3 3,0%

2.8.2 Wohnverhältnisse

Leider wurden in 143 Fällen - einem guten Drittel - keine Angaben zur Art der Wohnung gemacht. 128 der Befragten, die Angaben machten (46,5%) und damit die größte Gruppe, gaben an, in einer Drei-Zimmer-Mietwohnung zu wohnen. Nur 19 Probanden verfügten hierbei über ein eigenes Zimmer. In einem Fall lebten noch weitere neun Geschwister sowie die Eltern in der Wohnung. In zwei Fällen mußte das Zimmer mit fünf Geschwistern, in sieben Fällen mit vier Geschwistern, in 23 Fällen mit drei Geschwistern, in 30 Fällen mit zwei Geschwistern und in 45 Fällen mit einem Geschwisterteil geteilt werden.

In allen Fällen, in denen das Zimmer mit mehr als einem Geschwisterteil geteilt werden mußte, wurde von den Delinquenten in ihrer polizeilichen Vernehmung angegeben, in ihrer Freizeit seien sie mit Freunden zusammen und hielten sich nicht in der elterlichen Wohnung auf. Steht dem Jugendlichen oder Heranwachsenden kein eigener Rückzugsbereich im elterlichen Haushalt zur Verfügung, erfolgt demnach eine erhöhte "Fluchtbereitschaft" aus der Familie.

Auch im Amtsgerichtsbezirk Rüsselsheim existieren Hochhaussiedlungen mit einer hohen Belegungsdichte. Für diese Wohnbereiche konnte in Untersuchungen eine erhöhte Delinquenzbelastung festgestellt werden. Als Ursache für eine solche Konzentration werden hohe Belegungsdichte, hoher Anteil an Jugendlichen, Sozialstruktur der Bewohner, viele kinderreiche Familien auf beengtem Wohnraum, mangelnde Kommunikation, hohe Fluktuation, fehlende soziale Kontrolle durch das Umfeld und hohe Anzeigebereitschaft von Opfern genannt[145]. In der vorliegenden Untersuchung erfolgte hierzu zwar keine gesonderte Erhebung, dennoch entstand der Eindruck, daß bestimmte Wohnbezirke, insbesondere in Rüsselsheim und Raunheim häufiger den Wohnbereich der jungen Delinquenten darstellten, als andere Wohnsiedlungen. (Siehe Tabellen 18 und 19).

---

[145]Schwind (1998, S. 306 f.)

Tabelle 18: Wohnverhältnisse

		m	w	J	H
Total	418	286	132	318	100
	100%	100%	100%	100%	100%
Keine Angaben	143	103	40	93	49
	34,2%	36,0%	30,3%	29,2%	49,0%
Total	275	183	94	225	51
	100%	100%	100%	100%	100%
Haus	46	30	16	30	16
	16,7%	16,4%	17,0%	13,3%	31,4%
Eigentumswohnung	2	1	1	2	
	0,7%	0,5%	1,1%	0,9%	
1-Zimmer	4	4		2	2
	1,5%	2,2%		0,9%	3,9%
2-Zimmer	28	19	9	29	
	10,2%	10,4%	9,6%	12,9%	
3-Zimmer	128	86	42	104	24
	46,5%	47,0%	44,7%	46,2%	47,1%
4-Zimmer	64	41	23	56	8
	23,3%	22,4%	24,5%	24,9%	15,7%
Asylbe. Heim	3	2	1	2	1
	1,1%	1,1%	1,1%	0,9%	2,0%

Tabelle 19: Wohnverhältnisse unter Berücksichtigung der Nationalität

		Deutsche	Ausländer
Total	418 100%	198 100%	220 100%
Keine Angaben	143 34,2%	69 34,8%	74 33,6%
Total	275 100%	129 100%	146 100%
Haus	46 16,7%	39 30,2%	7 4,8%
Eigentumswohnung	2 0,7%	2 1,6%	
1-Zimmer	4 1,5%	1 0,8%	
2-Zimmer	28 10,2%	8 6,2%	20 13,7%
3-Zimmer	128 46,5%	50 38,8%	78 53,4%
4-Zimmer	64 23,3%	29 22,5%	35 24,0%
Asylbe. Heim	3 1,1%		3 2,1%

2.8.3 Eigenes Zimmer

In 95 Fällen (22,7%) wurden zum eigenen Zimmer keine Angaben gemacht, so daß sie unberücksichtigt blieben. Insgesamt 54,5% (n.176) der Straftäter, 58,3% (n.151) der Jugendlichen und 39,1% (n.25) der Heranwachsenden, verfügten über kein eigenes Zimmer. Dagegen mußten 45,5% (n.147) der Probanden, 41,7% (n.108) der Jugendlichen und 60,9% (n.39) der Heranwachsenden, ihr Zimmer nicht teilen. Hiervon war der überwiegende Anteil, nämlich 70,2% (n.111 von n.158) deutscher Nationalität. Aus diesen Befunden läßt sich nicht entnehmen, daß die Möglichkeit der Wahrung der Intimsphäre durch den Rückzug in das alleine bewohnte Zimmer Einfluß auf den Beginn abweichenden Verhaltens hat. (Siehe Tabelle 20).

Tabelle 20: Eigenes Zimmer

	Total	m	w	J	H
Total	418	286	132	318	100
	100%	100%	100%	100%	100%
Keine Angaben	95	64	31	59	36
	22,7%	22,4%	23,5%	18,6%	36,0%
Total	323	222	101	259	64
	100%	100%	100%	100%	100%
Ja	147	99	48	108	39
	45,5%	44,6%	47,5%	41,7%	60,9%
Nein	176	123	53	151	25
	54,5%	55,4%	52,5%	58,3%	39,1%

2.8.4 Geschwister

Im Rahmen der Familienstruktur sollte die Anzahl der Geschwister, die ebenfalls noch im Haushalt wohnen, überprüft werden.
Mit 39,4% (n.143) am häufigsten wurde von den Probanden angegeben, nur einen Bruder oder eine Schwester zu haben. Hier lag der Anteil der deutschen Jugendlichen und Heranwachsenden bei 50,3% (n.86). Die meisten Geschwister hatte ebenfalls ein deutscher jugendlicher Straftäter, der angab, mit weiteren neun Brüdern und Schwestern neben den Eltern die Wohnung zu teilen.
Zwar war die Kinderzahl bei den marokkanischen und türkischen Familien mit bis zu 7 weiteren Geschwistern im Haushalt am höchsten, am häufigsten waren hier jedoch Familien mit drei (29,5% der marokkanischen Familien bei n.13 von n.44) bzw. zwei (30% der türkischen Familien - bei n.24 von n.80) weiteren Kindern vorhanden. Darüber hinaus war bemerkenswert, daß bei allen anderen Nationalitäten die Anzahl der Geschwister im Haushalt unter der deutscher Familien lag.
Durch beengte Wohnverhältnisse einer Großfamilie in einer Drei-Zimmer-Wohnung stellen sich daneben besondere Problemsituationen. So kommt es nach Darstellung des zuständigen Jugendrichters häufig vor, daß das Ansehen von Videofilmen am Abend durch ältere Geschwister dazu führe, daß die Jüngeren diese ebenfalls mit ansehen müßten, da man das Zimmer teile. Hierbei würde auf das erhöhte Schlaferfordernis der jüngeren Geschwister kaum Rücksicht genommen werden. Andererseits kann eine hohe Geschwisteranzahl auch zu einem positiven Effekt auf das

einzelne Familienmitglied führen, da das Sozialverhalten innerhalb einer Gruppe stärker geübt wird.

Tabelle 21: Geschwister im Haushalt

	Total	m	w	J	H
Total	418 100%	286 100%	132 100%	318 100%	100 100%
Keine Angaben	55 13,2%	39 13,6%	16 12,1%	32 10,1%	23 23,0%
Total	363 100%	247 100%	116 100%	286 100%	77 100%
Keine	64 17,6%	47 19,0%	17 14,7%	41 14,3%	23 29,9%
Ein	143 39,4%	90 36,4%	53 45,7%	117 40,9%	26 33,8%
Zwei	70 19,3%	50 20,2%	20 17,2%	56 19,6%	14 18,2%
Drei	46 12,7%	31 12,6%	15 12,9%	39 13,6%	7 9,1%
Vier	15 4,1%	10 4,0%	5 4,3%	12 4,2%	3 3,9%
Fünf	13 3,6%	10 4,0%	3 2,6%	11 3,8%	2 2,6%
Sechs	5 1,4%	3 1,2%	2 1,7%	4 1,4%	1 1,3%
Sieben	5 1,4%	5 2,0%		4 1,4%	1 1,3%
Acht	1 0,3%		1 0,9%	1 0,3%	
Neun	1 0,3%	1 0,4%		1 0,3%	

Beim Nationalitätenvergleich konnte jedoch festgestellt werden, daß bei drei und mehr im familiären Haushalt lebenden Geschwistern die nichtdeutschen Probanden mit 36,5% 4 1/2 mal häufiger vertreten waren als Deutsche mit nur 8,2%. (Siehe Tabelle 22).

Tabelle 22: Geschwister im Haushalt unter Berücksichtigung der Nationalität

	Total	Deutsche	Ausländer
Total	418 100%	198 100%	220 100%
Keine Angaben	55 13,2%	27 13,6%	28 12,7%
Total	363 100%	171 100%	192 100%
Keine	64 17,6%	48 28,1%	16 8,3%
Ein	143 39,4%	86 50,3%	67 34,9%
Zwei	70 19,3%	24 14,0%	46 24,0%
Drei	46 12,7%	8 4,7%	38 19,8%
Vier	15 4,1%	2 1,7%	13 6,8%
Fünf	13 3,6%	1 0,6%	12 6,3%
Sechs	5 1,4%	1 0,6%	4 2,1%
Sieben	5 1,4%		5 2,6%
Acht	1 0,3%		1 0,5%
Neun	1 0,3%	1 0,6%	

2.9 Freizeitverhalten

Dem Freizeitverhalten der delinquent gewordenen Jugendlichen und Heranwachsenden wird in der polizeilichen Vernehmung nur wenig Platz eingeräumt. Insbesondere bei Heranwachsenden erfolgt keine weitere Aufklärung darüber, womit sich der Tatverdächtige in seiner Freizeit beschäftigt. Hieraus folgt, daß bei 77 Heranwachsenden keinerlei Angaben zur Freizeitstruktur erfolgten und auch bei 109 der jugendlichen Delinquenten dieser Bereich nicht weiter aufgeklärt wurde. Die Angaben der Probanden wurden in strukturiertes und unstrukturiertes Freizeitverhalten unterteilt. Dem strukturierten Freizeitverhalten wurden der organisierte Sport im Verein, das Jobben, das Spielen eines Instruments unter Anleitung und sonstige aktive Hobbys zugeordnet. Bei 17,2% (n.40) der Befragten stand der Sportverein im Vordergrund. Im musischen Bereich waren nur 3,0% (n.7) Probanden aktiv, 12,9% (n.30) jobbten während ihrer Freizeit und 7,6% (n.18) gingen einem sonstigen aktiven Hobby nach. Zu dem unstrukturierten Freizeitverhalten zählten unorganisierte sportliche Aktivitäten und das Zusammensein mit Freunden. Das Zuhausebleiben wurde neutral gewertet, da insbesondere bei den nichtdeutschen weiblichen Probanden hiermit häufig Hilfsdienste im familiären Haushalt verbunden waren. 38% (n.88) aller Probanden gaben an, ihre Freizeit mit Freunden zu verbringen. Diese an sich neutrale Aussage war jedoch regelmäßig damit verbunden, daß man mit den Freunden "herumhänge", gemeinsam Videos anschaue oder ziellos in die Stadt gehe. Etwas mehr als die Hälfte dieser Tätergruppe übte mit den Freunden auch sportliche Aktivitäten aus, die jedoch nicht organisiert waren. Immerhin 14,7% (n.34) der untersuchten Gruppe gab an, die Freizeit ausschließlich zu Hause zu verbringen. Bei den weiblichen Probanden lag dieser Anteil bei 37,5 % (n.34). (Siehe Tabelle 23).

Tabelle 23: Freizeitverhalten

	Total	J	H	m	w
Total	418 100%	318 100%	100 100%	286 100%	132 100%
Keine Angabe	186 44,5%	109 34,3%	77 77,0%	134 46,9%	52 39,4%
Total	232 100%	209 100%	23 100%	152 100%	80 100%
strukturiert					
Im Sportverein aktiv	40 17,2%	34 16,3%	6 26,1%	33 21,7%	7 8,8%
Jobben	30 12,9%	25 12,0%	5 21,7%	20 13,2%	10 12,5%
Musizieren	7 3,0%	5 2,4%	2 8,7%	4 2,6%	3 3,8%
Sonstige aktive Hobbys	18 7,6%	16 7,7%	2 8,7%	13 8,6%	5 6,3%
unstrukturiert					
Sportliche Aktivitäten	15 6,5%	13 6,2%	2 8,7%	11 7,2%	4 5,0%
Mit Freunden Zusammen sein	41 17,7%	40 19,1%	1 4,3%	34 22,4%	7 8,8%
Sportliche Aktivitäten + mit Freunden zusammen sein	47 20,3%	44 21,1%	3 13,0%	33 21,7%	14 17,5%
neutral					
Zu Hause sein	34 14,7%	32 15,3%	2 8,7%%	4 2,6%	30 37,5%

3. Tatbezogene Merkmale

3.1 Tatort / Wohnort

Trotz großer Mobilität der Jugend wurden die Straftaten vornehmlich am Wohnort begangen. Für Rüsselsheim galt dies in 80,1%, für Raunheim in 74,2% und für Kelsterbach in 57,1% der untersuchten Fälle. Für die Gemeinden Raunheim und Kelsterbach ist dabei zu berücksichtigen, daß einige der befragten Jugendlichen Schulen in Rüsselsheim besuchten und sich daher dort häufig aufhielten. Darüber hinaus verfügen Raunheim und Kelsterbach nur über einen kleinen Innenstadtbereich, so daß ein größeres Bedürfnis besteht, in andere Städte zu fahren. Da Raunheim und Kelsterbach neben Rüsselsheim ebenfalls über einen S – Bahn – Anschluß zu den umliegenden Großstädten, verfügen, kann nicht ausgeschlossen werden, daß ein Teil der Jugendlichen und Heranwachsenden von Raunheim oder Kelsterbach diese Städte für die Begehung von Straftaten aufsuchten und dadurch im Rüsselsheimer Versuch nicht registriert wurden.

3.2 Versuch / Vollendung

Insgesamt vollendeten 95,9% (n.401) der Delinquenten ihre Taten, 4,1% (n.17) begingen lediglich eine versuchte Tat nach § 22 StGB.

Tabelle 24: Versuch / Vollendung

	Total	m	w	J	H
Total	418	286	132	318	100
	100%	100%	100%	100%	100%
Versuch	17	15	2	13	4
	4,1%	5,2%	1,5%	4,1%	4,0%
Vollendung	401	271	130	305	96
	95,9%	94,8%	98,5%	95,9%	96,0%

3.3 Geständnis

Die jugendrichterliche Diversion - sei es gemäß § 47 Abs.1, sei es nach § 45 Abs.3, setzt ein Geständnis des jungen Tatverdächtigen voraus. Daher ist eine der Voraussetzungen für den Rüsselsheimer Versuch das Geständnis des Beschuldigten. Diesem Erfordernis werden verfahrensrechtliche Bedenken entgegengebracht, da die Selbstbezichtigung aus rechtsstaatlichen Gründen fraglich erscheinen kann[146]. Weder ersetzt das Geständnis den Tatnachweis, noch widerlegt es, wie teilweise angenommen[147], die Unschuldsvermutung. So gilt die Unschuldsvermutung unabhängig von einem Geständnis des Tatverdächtigen bis zu dessen rechtskräftiger Verurteilung. Auch wird an der Beweisqualität jugendlicher Ge-

---

[146]Eisenberg (1997, § 45 Rdnr. 24)
[147]Kuhlen (1988, S.30ff)

ständnisse immer wieder gezweifelt[148]. Zudem gelten junge Tatverdächtige als sehr geständnisfreudig. Dies mag aber weniger an der Bereitschaft liegen, die Einstellung des Verfahrens "erkaufen" zu wollen, sondern vielmehr daran, daß der der Tat zugrunde liegende Sachverhalt - etwa ein Ertappen auf frischer Tat - an der Täterschaft kaum Zweifel aufkommen läßt[149]. Ist ein Jugendlicher oder Heranwachsender geständig, hegt der Jugendrichter aber Zweifel an dem Wahrheitsgehalt dieses Geständnisses, wird er das Verfahren nicht im Wege der Diversion beenden, sondern durch freisprechendes Urteil. Widerruft der Beschuldigte sein zuvor abgelegtes Geständnis, ist ebenfalls nicht informell, sondern in einem formellen Verfahren zu entscheiden. Gegen neun Beschuldigte, die an einem Erziehungsgespräch teilnahmen, wurde folgerichtig das Hauptverfahren eröffnet, weil nach anfänglichem Geständnis die Tat später bestritten wurde. Wie bereits unter III.1. dargestellt, sind diese neun Fälle nicht Bestandteil der Untersuchung.

96,7 % (n.404) der Probanden gaben bereits bei ihrer polizeilichen Vernehmung die Tat sofort zu. 3,3% (n.14) bestritten anfänglich eine strafbare Handlung, räumten diese jedoch später ein. Dabei ist zu beachten, daß dieses Bestreiten nicht die Handlung selbst betraf, sondern nur deren Strafbarkeit. So wurde zum Beispiel mehrfach bei einem Ladendiebstahl eingewandt, "man habe die Ware eingesteckt, um sie nicht in der Hand tragen zu müssen und dann vergessen, sie auf das Förderband zu legen". Bei zehn dieser 14 Probanden erfolgte noch in der polizeilichen Vernehmung das Eingeständnis einer strafbaren Handlung. Vier Delinquenten wurden trotz der Einlassung, keinen Vorsatz zu einem Diebstahl besessen zu haben, zu einem Erziehungsgespräch geladen. Dort wurde die Tat dann zugegeben. (Siehe Tabelle 25).

---

[148]Nix (1994, § 45 Rdnr.28); Diemer/Schoreit/Sonnen (1999, § 45 Rdnr.19)
[149]Böhm (1992, S.784)

Tabelle 25: Geständnis

	Total	m	w	J	H
Total	418 100%	286 100%	132 100%	318 100%	100 100%
Sofortiges Geständnis	404 96,7%	277 96,9%	127 96,2%	306 96,2%	98 98,0%
Anfängliches Bestreiten	14 3,3%	9 3,1%	5 3,8%	12 3,8%	2 2,0%

3.4 Realkonkurrierende Delikte

Von den 418 Probanden begingen 94,5% (n.395) der Delinquenten nur eine selbständige Straftat. 4,8% (n.20) begingen zwei in Realkonkurrenz stehende Delikte. Eine jugendliche weibliche Probandin hatte vier selbständige Straftaten begangen, eine heranwachsende weibliche Täterin 12, und ein männlicher Jugendlicher verübte 21 selbständige Straftaten. In diesen drei Fällen erfolgte dennoch eine Einstellung des Verfahrens nach § 47. Hock-Leydecker stellte in ihrer Vergleichsuntersuchung fest, daß ab einer Anzahl von drei und mehr realkonkurrierender Delikte die Einstellung des Verfahrens durch den Jugendrichter nach § 47 erheblich zurückging und die Verurteilungen zunahmen[150]. Zu ähnlichen Ergebnissen waren bereits Heinz/Hügel gekommen[151]. (Siehe Tabelle 26).

---

[150] Hock-Leydecker (1994, S. 103)
[151] Heinz/Hügel (1987, S. 46)

Tabelle 26: Realkonkurrierenden Delikte

	Total[152]	m	w	J	H
Total	418	286	132	318	100
	100%	100%	100%	100%	100%
1 Delikt	395	270	125	297	98
	94,5%	94,4%	94,7%	93,4%	98,0%
2 Delikte	20	15	5	19	1
	4,8%	5,2%	3,8%	6,0%	1,0%
4 Delikte	1		1	1	
	0,2%		0,8%	0,3%	
12 Delikte	1		1		1
	0,2%		0,8%		1,0%
21 Delikte	1	1		1	
	0,2%	0,3%		0,3%	

3.5 Einzeldelikte bei Fortsetzungstat

Ausgehend von 418 Probanden begingen 24, also 5,7% der untersuchten Gruppe Fortsetzungstaten. Diese Fortsetzungstaten - Besitz weicher Drogen zum Eigenverbrauch und Ladendiebstähle - sind Bestandteil der Spalte (1 Delikt) in Tabelle 26. In einem Fall betrug die Anzahl der Fortsetzungsdelikte 14, in einem Fall sieben, in drei Fällen sechs, in zwei Fällen fünf, in drei Fällen vier, in fünf Fällen drei und in neun Fällen zwei. 13 Probanden waren weiblichen Geschlechts, welche zwischen zwei und sechs Fortsetzungstaten begingen. Nur drei heranwachsende Delinquenten machten sich mit fortgesetzten Handlungen strafbar. Hock-Leydecker kam zu dem Ergebnis, nur in 1,1% (n.6) der Fälle, in denen Fortsetzungstaten begangen worden waren, erfolgte eine informelle Einstellung des Verfahrens[153]. (Siehe Tabelle 27).

---

[152]"Total" bezieht sich hier auf die Anzahl der Probanden und nicht der realkonkurrierenden Delikte
[153]Hock-Leydecker (1994, S. 105)

Tabelle 27: Einzeldelikte bei Fortsetzungstaten

	Total[154]	m	w	J	H
Total	24 100%	11 100%	13 100%	21 100%	3 100%
2	9 37,5%	5 45,4%	4 30,7%		
3	5 20,8%	2 18,2%	3 23,1%		1 33,3%
4	3 12,5%		3 23,1%		
5	2 8,3%	2 18,2%			1 33,3%
6	3 12,5%		3 23,1%		
7	1 4,2%	1 9,1%			1 33,3%
14	1 4,2%	1 9,1%			

3.6 Strafrechtliche Einordnung des abweichenden Verhaltens

Insgesamt wurden von 418 Probanden 472 selbständige Straftaten verübt. Waren die von einem Täter begangenen realkonkurrierenden Delikte demselben Straftatbestand zuzuordnen, wurde das strafbare Verhalten bei der strafrechtlichen Einordnung nur einmal aufgeführt. Waren hingegen unterschiedliche Straftatbestände betroffen, erfolgte eine Zuordnung zu jedem realkonkurrierenden Delikt. Hiermit sollte eine verzerrende Übergewichtung der Straftatbestände vermieden werden, die von einem Täter mehrmals begangen worden waren. Daraus ergaben sich 429 Delikte, die aufzugliedern waren.

3.6.1 Einfacher Diebstahl

Erwartungsgemäß hoch lag der Anteil der einfachen Diebstähle mit 70,4% (n.302) aller begangenen Straftaten. Auf den einfachen Ladendiebstahl entfielen dabei 60,0% (n.257). 91 % (n.121) der von den weiblichen De-

---

[154]"Total" bezieht sich hier auf die Anzahl der Probanden und nicht der Fortsetzungstaten

linquenten verübten Straftaten waren einfache Diebstähle, 87,1% (n.115) davon ein Ladendiebstahl. Allein 70,7% (n. 94) entfielen auf den Ladendiebstahl geringwertiger Sachen. Bei den männlichen Probanden lag der Anteil der Ladendiebstähle insgesamt dagegen nur bei 49,7% (n.142). Bei den einfachen Diebstählen (n.45), soweit es sich nicht um Ladendiebstahl handelte, wurden 77,8% (n.35) der Taten von nichtdeutschen Tätern begangen.

3.6.2 Sachbeschädigung

Obwohl Sachbeschädigung zu den typischen Jugenddelikten gezählt werden kann, entfielen hierauf nur 5,8% (n.25) der Taten. Dieser geringe Anteil liegt wohl zum Teil daran, daß die Schadenshöhe eine Aufnahme in den Rüsselsheimer Versuch verhindert. Offenbar geht die Polizei bei der Auswahl der Sachbeschädigungen zum Rüsselsheimer Versuch bei einem verursachten höheren Schaden nicht mehr von einem Jugendstreich aus.

3.6.3 Verkehrs - und Pflichtversicherungsdelikte

Ebenfalls als gering erwies sich der Anteil der Verkehrs - und Pflichtversicherungsdelikte mit 5,4% (n.23) der begangenen Straftaten. Dies ergibt sich wohl daraus, daß bei Jugendlichen das Fahren von Mofas und Mopeds aus der Mode gekommen ist, die durch Mountainbikes ersetzt wurden. Das "Frisieren" von Mofas, in den Anfängen des Rüsselsheimer Versuchs eine der am häufigsten begangenen Taten bei dieser Deliktsgruppe, kommt heute praktisch nicht mehr vor. Bereits seit 1985 konnte ein stetiger Rückgang verzeichnet werden, der auf den Maßnahmenkatalog für diese spezielle Tätergruppe zurückgeführt wurde[155]. Danach mußten die Krafträder nach ordnungsgemäßem Umbau in den Originalzustand der Polizei zur Abnahme vorgeführt werden. Diese Vorgehensweise gestaltete sich für die jungen Straftäter sehr arbeitsintensiv, so daß der Spaß am "Frisieren" zunehmend abnahm.

3.6.4 Drogenmißbrauch

Ein Verstoß gegen das Betäubungsmittelgesetz lag in 8,2% (n.35) aller Straftaten vor. 22,8% (n.23) der Heranwachsenden und nur 3,7% (n.12)

---

[155]Diedrich (1987, S. 121)

der Jugendlichen wurden in dieser Form straffällig. Auch bei der Verteilung auf die verschiedenen Nationalitäten kam es zu erheblichen Unterschieden. So wurde dieser Verstoß in 74,3% (n.26) der Fälle von Deutschen und in nur 25,8% (n.9) von Tätern anderer Nationalität begangen. 13% der deutschen Probanden, aber nur 4% der Nichtdeutschen sind damit wegen eines Verstoßes gegen das Betäubungsmittelgesetz aufgefallen. In sämtlichen Fällen lag nur ein einfacher Verstoß gegen das Betäubungsmittelgesetz vor und betraf den Erwerb zum Eigenverbrauch.

3.6.5 Allgemeine Zusammenstellung

Nachfolgend sollen alle im Rüsselsheimer Versuch behandelten Straftaten dargestellt werden. Hierin zeigt sich, daß über den allgemeinen Straftatenkatalog hinaus auch solche Delinquenten in den Rüsselsheimer Versuch aufgenommen wurden, bei denen die Straftat nur eine untergeordnete Rolle für die Auswahl einnahm, aus erzieherischen Gründen die Einbindung in den Rüsselsheimer Versuch jedoch für sinnvoll erachtet wurde. In diesen Fällen erfolgte regelmäßig eine telefonische Rückfrage der sachbearbeitenden Polizeidienststelle bei dem Jugendrichter, ob dennoch ein Erziehungsgespräch stattfinden solle.

Folgende Straftaten wurden in den Versuch aufgenommen, die grundsätzlich nicht Gegenstand dieses Projektes sind:

- Raubdelikt inkl. räuberische Erpressung

In beiden informell sanktionierten Fällen handelte es sich um Straftaten im schulischen Umfeld. Auf Bitte der Schulleitung wurden die Fälle in den Rüsselsheimer Versuch aufgenommen, da man es auf schulischer Seite für dringend geboten erachtete, eine schnelle justizielle Reaktion erfolgen zu lassen, um weitere Straftaten in diesem Bereich zu unterbinden.

- Vorsätzliche leichte Körperverletzung

Hierbei handelte es sich um sehr leichte Fälle einer Körperverletzung, die ebenfalls in der Schule erfolgten. Auch hier wurde das Gericht auf die Bitte des Schulleiters hin tätig, damit eine schnelle Reaktion auf die Tat erfolgen könne.

- Nötigung

Weshalb diese Straftat in den Rüsselsheimer Versuch aufgenommen wurde, war anhand der Akten nicht nachzuvollziehen.

- Unterschlagung

In den insgesamt drei Fällen handelte es sich um jugendliche Schüler, die in ihrer Freizeit einem Nebenjob nachgingen und hierbei eine Unterschlagung begingen. Da es sich jedoch um einen geringen Schaden handelte und die Probanden im übrigen sämtliche weiteren Voraussetzungen für den Rüsselsheimer Versuch erbrachten, erfolgte eine Aufnahme.

- Hehlerei

Zwei Fälle der Hehlerei wurden anläßlich des Geständnisses von bereits in den Versuch aufgenommenen Jugendlichen, welche Fahrräder gestohlen hatten, entdeckt. Die jugendlichen Hehler wurden daraufhin ebenfalls im Rahmen des Rüsselsheimer Versuchs sanktioniert.

- Sonstiges

Bei den unter "sonstiges" aufgeführten Straftaten handelte es sich um uneidliche Falschaussage, Beihilfe zum Diebstahl in einem besonders schweren Fall, Urkundenfälschung und Hausfriedensbruch.

Ein Fall des besonders schweren Diebstahls soll an dieser Stelle vorgestellt werden, da sich die Tatbegehung erheblich von den anderen "leichten Fällen des schweren Diebstahls" im Rüsselsheimer Versuch unterscheidet. In diesem Fall ließen sich zwei Freunde in einem Einkaufsmarkt abends einschließen und öffneten dann eine dort gefundene Geldkassette mit einer Feile. Beim Verlassen des Marktes wurden sie festgenommen. Weshalb dieser Fall im Rüsselsheimer Versuch behandelt wurde, konnte nicht aufgeklärt werden. (Siehe Tabelle 28).

3.7 Art des Schadens

346 der Taten zogen einen materiellen Schaden nach sich. Da die weiblichen Probanden überwiegend Diebstähle begangen hatten, entfielen auf diese Tätergruppe 122 Fälle.

Tabelle 28: Selbständige Straftaten

	Total	m	w	J	H
Total	429 100%	296 100%	133 100%	328 100%	101 100%
Bestandteil des Rüsselheimer Versuchs					
Einfacher Diebstahl insgesamt	302 70,4%	181 61,1%	121 91,0%	236 72,0%	66 65,3%
Ladendiebstahl geringwertiger Sachen	210 49,0%	116 39,2%	94 70,7%	159 48,5%	51 50,5%
Sonst. Fall des einfachen Ladendiebstahls	47 11%	26 8,8%	21 15,8%	39 11,9%	8 7,9%
Diebstahl geringwertiger Sachen	8 1,9%	8 2,7%		8 2,4%	
Sonstige Fälle des einfachen Diebstahls	37 8,6%	31 10,5%	6 4,5%	30 9,1%	7 6,9%
Betrug	2 0,5%	2 0,7%			2 2,0%
Leichter Fall des Diebstahl in einem bes. schweren Fall	16 3,7%	16 5,4%		14 4,3%	2 2,0%
Leichter Verstoß gegen das WaffG	5 1,2%	5 1,7%		5 1,5%	
Mißbrauch von Notrufen	2 0,5%	2 0,7%		1 0,3%	1 1,0%
Sachbeschädigung als Jugendstreich	25 5,8%	21 7,1%	4 3,0%	23 7,0%	2 2,0%
Unbefugter Gebrauch von Fahrzeugen	5 1,7%	5 1,7%		5 1,5%	
Fahren ohne Fahrerlaubnis oder Versicherungsschutz	18 4,2%	14 4,7%	4 3,0%	17 5,2%	1 1,0%
Erschleichen von Leistungen	1 0,2%	1 0,3%		1 0,3%	

Leichter Verstoß gegen das AuslG	1 0,2%	1 0,3%			1 1,0%
Leichter Verstoß gegen das BtMG	35 8,2%	32 10,8%	3 2,3%	12 3,7%	23 22,8%
Beleidigung	2 0,5%	1 0,3%	1 0,8%	2 0,6%	
Nicht Bestandteil des Rüsselsheimer Versuchs					
Raubdelikt inkl. räuberische Erpressung	2 0,5%	2 0,7%		2 0,6%	
Vorsätzl. leichte Körperverletzung	2 0,5%	2 0,7%		2 0,6%	
Nötigung	2 0,5%	2 0,7%		1 0,3%	1 1,0%
Unterschlagung	3 0,7%	3 1,0%		2 0,6%	1 1,0%
Hehlerei	2 0,5%	2 0,7%		2 0,6%	
Sonstiges	4 0,9%	4 1,4%		3 0,9%	1 1,0%

3.8 Schadensgegenstand bei Diebstahl

War die untersuchte Tat ein Diebstahl, erfolgte eine Unterteilung nach Art der gestohlenen Gegenstände. Insgesamt wurden 376 Tatobjekte gestohlen.
Mit 29,3% (n.110) lag der Diebstahl von Audio- und Videowaren sowie Elektronikzubehör an der Spitze der Schadensgegenstände. 40,8% (n.93) der männlichen Täter, die einen Diebstahl begingen, bevorzugten diese Tatobjekte. Bei den Heranwachsenden lag der Anteil bei 32,5% (n.25) und damit ebenfalls an erster Stelle der begehrten Diebstahlsobjekte. In 23,7% (n.89) der Fälle waren Gegenstand des Diebstahls Kosmetika. Erwartungsgemäß wurden diese Tatgegenstände von 50,0% (n.74) der weiblichen Täter entwendet. Mit 15,4% (n.58) waren Textilien als

Schadensgegenstand an dritter Stelle zu verzeichnen[156]. Fahrrad - und Fahrzeugteile waren mit 12,2% (n.46) das Zielobjekt der Jugendlichen und Heranwachsenden. Beachtenswert ist, daß nur 30,4% (n.14 von n.46) dieser Diebstähle von Deutschen begangen wurden. 69,6% (n.32 von n.46) dieser Schadensgegenstände entfielen auf die nichtdeutschen Probanden.
Schreibwaren lagen mit 5,3% (n.20) vor Lebensmitteln mit 4,3% (n.16) und Zigaretten mit 3,7% (n.14), gefolgt von Geld mit 3,5% (n.13) und Spirituosen mit 1,1% (n.4). Weitere unter "sonstige" aufgeführten Gegenstände betrafen ein Luftgewehr, diverse Aufkleber und eine Fuhre Holz, die aus dem Wald abgefahren worden war. (Siehe Tabelle 29).

3.9 Höhe des materiellen Schadens

In 297 Fällen wurde durch die am Verfahren Beteiligten der Wert der gestohlenen Waren bei Vorliegen eines Diebstahls angegeben. Eine Wertangabe des angerichteten Schadens bei anderen Delikten erfolgte nicht. Die nachfolgenden Ergebnisse beziehen sich deshalb nur auf Diebstahl in seinen unterschiedlichsten Begehungsformen.
Nach den Vorgaben zum Rüsselsheimer Versuch soll die Wertgrenze des Schadens DM 500.- nicht übersteigen.
In 10 Fällen (5,7%) wurde diese Grenze überschritten, wobei der höchste durch Diebstahl verursachte Schaden bei DM 4000.- lag.

---

[156] Auch Hock-Leydecker (1994, S. 110) stellte fest, daß Kleidung und Kosmetika besonders häufig die Tatobjekte darstellen. Sie äußert die Vermutung eines Zusammenhangs mit den aktuellen Standards der Jugendkultur, ohne eine nähere Überprüfung vorzunehmen.

Tabelle 29: Schadensgegenstand beim Diebstahl

	Total	m	w	J	H
Total	376 100%	228 100%	148 100%	299 100%	77 100%
Kosmetika	89 23,7%	15 6,6%	74 50,0%	73 31,9%	16 20,8%
Textilien	58 15,4%	27 11,8%	31 20,9%	46 15,4%	12 15,6%
Audio Video Elektronik	110 29,3%	93 40,8%	17 11,5%	85 28,4%	25 32,5%
Spirituosen	4 1,1%	3 1,3%	1 0,7%	1 0,3%	3 3,9%
Fahrrad- Fahrzeugteile	46 12,2%	45 19,7%	1 0,7%	36 12,0%	10 13,0%
Lebensmittel	16 4,3%	11 4,8%	5 3,4%	12 4,0%	4 5,2%
Zigaretten	14 3,7%	9 3,9%	5 3,4%	12 4,0%	2 2,6%
Schreibwaren	20 5,3%	8 3,5%	12 8,1%	17 5,7%	3 3,9%
Geld	13 3,5%	11 4,8%	2 1,4%	12 4,0%	1 1,3%
Sonstiges	6 1,6%	6 2,6%		5 1,7%	1 1,3%

3.9.1 Schadenshöhe und Geschlecht

Bis zu einer Wertgrenze von DM 50.- lag der Anteil der weiblichen Delinquenten mit knapp 3% über dem der männlichen Straftäter. Danach verschob sich die prozentuale Verteilung zu Lasten der Probanden männlichen Geschlechts bis zu einer Wertgrenze von DM 100.-. Lag der Schaden jedoch zwischen DM 101.- und DM 500.-, stieg der weibliche Anteil wieder auf 20,5% und lag damit 1,7% über den männlichen Straftätern. Dies ist darauf zurückzuführen, daß weibliche Probanden häufiger als die männlichen Täter Textilien gestohlen hatten und diese durchschnittlich mit einem höheren Schadenswert belastet sind. Eine Gesamtbetrachtung zeigt, daß weibliche Täter insgesamt durch Diebstähle weniger Schaden anrichteten als männliche Jugendliche und Heranwachsende. Leider konnten diesem Ergebnis keine Vergleichsdaten gegenübergestellt werden, da andere einschlägige Untersuchungen eine geschlechtsspezifische Schadensaufteilung nicht ausweisen.

Bei 36,4% (n.24) der heranwachsenden Straftäter und damit der größten Gruppe, lag ein materieller Schaden nur bis zu DM 20.- vor. Dies hängt damit zusammen, daß im Gegensatz zu jugendlichen Straftätern eine staatsanwaltliche Einstellung bei einer Schadenshöhe unter DM 10.- nicht erfolgt.

Tabelle 30: Schadenshöhe

		m	w	J	H
Total	297 100%	175 100%	122 100%	231 100%	66 100%
-20 DM	87 29,3%	49 28,0%	38 31,1%	63 27,3%	24 36,4%
21-50 DM	95 32,0%	54 30,9%	41 33,6%	78 33,7%	17 25,8%
51-100 DM	47 15,8%	29 16,6%	18 14,8%	37 16,0%	10 15,2%
101-500 DM	58 19,5%	33 18,8%	25 20,5%	45 19,5%	13 19,7%
501-4000 DM	10 5,7%	10 5,7%		8 3,5%	2 3,0%

3.9.2 Schadenshöhe und Nationalität

Die Nationalität scheint bei der Schadenshöhe keine Rolle zu spielen. Lediglich bei Überschreitung einer Wertgrenze von DM 500.- ist ein Anstieg der deutschen Probanden zu verzeichnen. Diese Tätergruppe soll nach den festgelegten Vorgaben mit einer Wertgrenze von DM 500.- jedoch überhaupt nicht im Rüsselsheimer Versuch sanktioniert werden. Es ist deshalb nicht auszuschließen, daß eine Vor-Selektierung von Probanden mit einer über den Vorgaben des Rüsselsheimer Versuchs liegenden Wertgrenze vorgenommen wurde, die Delinquenten anderer Nationalität ausschloß. Unterteilt man dagegen die Schadenshöhe in eine Gruppe DM 20.- bis DM 50.- und eine Gruppe DM 51.- bis DM 4000.- sind nationalitätenabhängige Unterschiede nicht mehr feststellbar. (Siehe Tabelle 31).

Tabelle 31: Schadenshöhe und Nationalität

		Deutsche	Ausländer
Total	297 100%	138 100%	159 100%
-20 DM	87 29,3%	43 31,2%	44 27,7%
21-50 DM	95 32,0%	42 30,4%	53 33,4%
51-100 DM	47 15,8%	23 16,7%	24 15,1%
101-500 DM	58 19,5%	23 16,6%	35 21,9%
501-4000 DM	10 5,7%	7 5,1%	3 1,9%

3.10 Tatmotiv

Obwohl bei Straftaten Jugendlicher das Tatmotiv bei der polizeilichen Vernehmung mit erforscht werden soll, erfolgte dies in 70 Fällen nicht, so daß insoweit zu den tatauslösenden Umständen keine Angaben gemacht wurden. 59 Probanden fanden für die Taten keine Erklärung. So konnten nur etwa 70% der Jugendlichen und Heranwachsenden Motive für ihr Handeln angeben. Da bei der Erhebung zum Tatmotiv Mehrfachnennungen der Probanden berücksichtigt wurden, ergab dies eine absolute Zahl von 360 Nennungen.

Mit 21,7% (n.78) wurde als Tatmotiv am häufigsten angegeben, es hätten keine eigenen finanziellen Mittel zur Verfügung gestanden. Tatsächlich erhielten aber nur 27 Probanden kein Taschengeld. Allerdings muß hierbei berücksichtigt werden, daß das Motiv Geldmangel rein subjektiv von den Probanden erfaßt wurde. So können objektiv ausreichende finanzielle Mittel für einen Jugendlichen oder Heranwachsenden zur Verfügung stehen und dennoch der Höhe nach nicht geeignet sein, die Bedürfnisse des Probanden zu befriedigen. Hierauf deutet insbesondere das Ergebnis bei den Heranwachsenden hin. So wurde in dieser Tätergruppe mit 29,6% (n. 21) das Motiv Geldmangel angegeben, obwohl gerade bei diesen Probanden nur 17,5% (n.14) über keine eigenen finanziellen Mittel verfügten. Dagegen betrug das Einkommen bei 72,5% (n.58) der heranwachsenden Probanden mehr als DM 500.- im Monat.

Immerhin wurde in 17,2% (n.62) der Fälle von den Jugendlichen und Heranwachsenden angegeben, einen Ladendiebstahl nur begangen zu haben, um es einmal auszuprobieren. Insbesondere bei den weiblichen Straftätern wurde dies damit erklärt, daß Freundinnen in der Schule erzählten, wie einfach ein solcher Diebstahl sei, ohne dabei entdeckt zu werden. Als eine Spontanidee ohne Planung wurde das Tatmotiv in 16,3% (n.59) bewertet. 7,2% (n.26) der Angaben erfolgten mit dem Hinweis der Delinquenten die Straftat aus "Spaß" begangen zu haben. "Langeweile" als Tatmotiv wurden dagegen nur in 1,1% (n.4) der Fälle angegeben. (Siehe Tabelle 32).

Eine Tatbegehung in Anwesenheit anderer erfolgte dann vermehrt, wenn die Tat von dem Motiv des "Angestiftet Seins" oder des "Freundschaftsdienstes" getragen wurde. Gerade diese Tatmotive weisen eine Gruppendynamik auf, indem sich bei der Tatbegehung ein Rückhalt durch andere versprochen wird. Gemeinsam Handelnde hatten auch mehr Spaß an ihren Taten, handelten aber seltener spontan. Alleintäter konnten sich die Tat häufiger erklären, hatten aber bei den Vermögensdelikten egoistischere Motive (kein, Geld, Haben wollen). Sie handelten auch öfter aus Wut oder um ihre Probleme zu bewältigen. Dies spricht für die Beobachtung, daß sich unter den Alleintätern häufiger problembelastete Persönlichkeiten befanden, als bei der Tätergruppe, die gemeinsam mit anderen Straftaten beging. (Siehe Tabelle 33).

Tabelle 32: Tatmotiv

	Total	m	w	J	H
Total	418 100%	286 100%	132 100%	318 100%	100 100%
Keine Angaben	70 16,7%	54 18,9%	16 12,1%	42 13,2%	28 28,0%
Keine Erklärung	59 14,1%	37 12,9%	22 16,7%	47 14,8%	12 12,0%
Motiv angegeben	289 69,1%	195 68,2%	94 71,2%	229 72,0%	70 70,0%
Anzahl Motive im einzelnen	360 100%	236 100%	124 100%	289 100%	71 100%
Spontanidee	59 16,3%	45 19,1%	14 11,3%	49 17,0%	10 14,1%
Ausprobieren	62 17,2%	35 14,8%	27 21,8%	51 17,7%	11 15,5%
Angestiftet	46 12,8%	27 11,4%	19 15,3%	41 14,2%	5 7,0%
Kein Geld	78 21,7%	46 19,5%	32 25,8%	57 19,7%	21 29,6%
Habenwollen	41 11,4%	27 11,4%	14 11,3%	35 12,1%	6 8,5%
Langeweile	4 1,1%	3 1,3%	1 0,8%	4 1,4%	
Rache, Wut	12 3,3%	7 3,0%	5 4,0%	11 3,8%	1 1,4%
Mutprobe	8 2,2%	4 1,7%	4 3,2%	8 2,8%	
Probleme	9 2,5%	6 2,5%	3 2,4%	4 1,4%	5 7,0%
Freundschaftsdienst	15 4,2%	12 5,1%	3 2,4%	13 4,5%	2 2,8%
Spaß	26 7,2%	24 10,2%	2 1,6%	16 5,5%	10 14,1%

Tabelle 33: Tatmotiv bei gemeinsamer Tatbegehung

	Total	kein Alleintäter	Alleintäter
Total	489 100%	167 100%	251 100%
Keine Angaben	70 16,7%	28 16,8%	42 16,7%
Keine Erklärung	59 14,1%	18 9,0%	40 18,3%
Motiv angegeben	289 69,1%	121 72,5%	169 67,3%
Anzahl Motive im einzelnen	360 100%	182 100%	178 100%
Spontanidee	59 16,3%	18 9,8%	40 22,5%
Ausprobieren	62 17,2%	32 17,6%	30 16,9%
Angestiftet	46 12,8%	38 20,9%	8 4,5%
Kein Geld	78 21,7%	15 8,2%	63 35,4%
Haben wollen	41 11,4%	11 6,0%	30 16,9%
Langeweile	4 1,1%	3 1,6%	1 0,6%
Rache Wut	12 3,3%	3 1,6%	9 5,1%
Mutprobe	8 2,2%	4 2,2%	4 2,2%
Probleme	9 2,5%	1 0,5%	8 4,5%
Freundschaftsdienst	15 4,2%	13 7,1%	2 1,1%
Spaß	26 7,2%	16 8,8%	10 5,1%

4. Verfahrensbezogene Merkmale

4.1 Zeitraum zwischen Tat, Erziehungsgespräch und Eingang der staatsanwaltlichen Antragsschrift bei Gericht

Einer der wesentlichen Gründe für die Einführung des Rüsselsheimer Modells war der Versuch, den jungen Delinquenten einer schnellen justiziellen Reaktion zuzuführen, um hierdurch einen erzieherischen Effekt zu erzielen. In der Diskussion um Diversion nimmt dies den wesentlichen Bestandteil ein. Immer wieder wird vorgetragen, daß der formale Verfahrensweg wegen seiner Langatmigkeit den Bezug des Täters zu seiner Tat nehme. Der gewollte erzieherische Effekt gehe dabei verloren[157]. Die informelle Verfahrenserledigung komme dagegen dem Gebot eines beschleunigten Verfahrens im Jugendstrafrecht entgegen[158].

Während des gesamten Untersuchungszeitraums vergingen durchschnittlich zwischen dem Tag der Tat und des Eingangs der staatsanwaltlichen Antragsschrift bei Gericht 13,7 Wochen (96 Tage). In 39,8% lag die Dauer über 12,9 Wochen (90 Tage). Der kürzeste Zeitraum betrug 0,4 Wochen (drei Tage), der längste 48,9 Wochen (342 Tage). Hierbei ist jedoch zu berücksichtigen, daß zum Zeitpunkt des Eingangs bei Gericht der Vorgang noch nicht dem zuständigen Jugendrichter vorgelegt ist. Bis zur Eröffnung des Hauptverfahrens, der Terminierung und der Hauptverhandlung selbst, vergehen weitere Tage oder Wochen.

Die Reaktionsdauer zwischen dem Tatzeitpunkt und der Durchführung des Erziehungsgesprächs im Rüsselsheimer Versuch betrug dagegen während des Untersuchungszeitraums nur durchschnittlich 7,1 Wochen (50 Tage). Zwar lag die Spanne zwischen der schnellsten und der langsamsten Reaktion ebenfalls bei drei bzw. 342 Tagen, in 68,2% der Fälle konnte das Erziehungsgespräch jedoch in weniger als 50 Tagen nach der Tat erfolgen. Hierbei ist bereits berücksichtigt, daß Termine wegen Verhinderung Verfahrensbeteiligter zum Teil verlegt werden mußten.

Hock-Leydecker kommt in ihrer Untersuchung zu einer durchschnittlichen Verfahrensdauer bei Einstellungen durch den Jugendrichter vom Zeitpunkt der Tatbegehung an bis zur Verfahrensbeendigung, ohne Berücksichtigung der Zeit bis zur Erfüllung der Sanktionen, von 27,1 Wochen[159]. Dies entspricht 190 Tagen. Hier zeigt sich bereits der Vorteil des Rüs-

---

[157] Sessar (1986, S. 124ff)
[158] Eisenberg (1997, § 45 Rdnr.17)
[159] Hock-Leydecker (1994, S.145)

selsheimer Versuchs, da bei der allgemein üblichen Einstellung durch den Jugendrichter das Hauptverfahren bereits eröffnet und der lange Verfahrensweg bis dorthin beschritten werden mußte. Heinz / Hügel ermittelten bei einer Einstellung des Verfahrens nach § 47 Abs.1 Nr.2 a. F. eine Verfahrensdauer zwischen Erledigungsvermerk der Staatsanwaltschaft und Erledigungsdatum des Gerichts von 13,1 bzw. 15,1 Wochen. Bei einer Einstellung nach § 47 Abs.1 a. F. betrug der Zeitraum 26 Wochen. Dieser beinhaltete bereits die Erfüllung von Auflagen und Weisungen[160]. Jedoch auch einer Einstellung des Verfahrens durch den Staatsanwalt ist das Rüsselsheimer Modell überlegen. Hier kommt Hock-Leydecker zu einer durchschnittlichen Verfahrensdauer von immerhin noch 20,8 Wochen[161] (146 Tage). Matheis dagegen konnte durch einen schnelleren Aktendurchlauf diversionsgeeigneter Verfahren die durchschnittliche Verfahrensdauer bei mündlicher Ermahnung durch den Staatsanwalt auf 5 Wochen (35 Tage) reduzieren[162].

Tabelle 34: Reaktionsdauer im Vergleich

	Erziehungsgespräch	Antragsschrift
Kürzeste Dauer	3 Tage 0,4 Wochen	3 Tage 0,4 Wochen
Längste Dauer	342 Tage 48,9 Wochen	450 Tage 64,3 Wochen
Durchschnittliche Dauer	50 Tage 7,1 Wochen	96 Tage 13,7 Wochen
90 Tage und mehr	8,6%	39,8%
50 Tage und weniger	68,2 %	5%
40 Tage und weniger	52,2%	1,9%
30 Tage und weniger	31,1%	0,2%
20 Tage und weniger	13,2%	0%

Damit konnte ein wesentliches Ziel des Rüsselsheimer Modells, eine Verkürzung der Verfahrensdauer erreicht werden. Trotzdem ist eine

---

[160] Heinz/Hügel /1987, S. 59)
[161] Hock-Leydecker (1994, S.145)
[162] Matheis (1991,S. 117f.)

durchschnittliche Zeitdauer bis zum Erziehungsgespräch von 50 Tagen noch verbesserungswürdig.

4.2 Ersttätereigenschaft

Eine der Voraussetzungen für den Rüsselsheimer Versuch ist, daß es sich bei dem Jugendlichen oder Heranwachsenden um einen Ersttäter handelt. Wie bereits dargestellt, handelt es sich hierbei nicht um den förmlichen Ersttäterbegriff, vielmehr sind informelle Verfahrenseinstellungen ebenfalls umfaßt. Auch gilt derjenige noch als Ersttäter, welcher nur wegen eines anderen Delikts bereits strafrechtlich sanktioniert wurde. Da bei der Datenerhebung auffiel, daß einige Probanden in ihrer polizeilichen Vernehmung Angaben über frühere begangene Straftaten machten, erfolgte zu diesem Punkt ebenfalls eine Erhebung. Als "Vorbelastung" sollte dabei jedoch jede Angabe des Probanden über eigenes strafbewehrtes Handeln verstanden werden, ohne daß es auf eine justizielle Reaktion auf diese Tat ankam. Unabhängig hiervon erfolgte ein Vermerk unter den Personalangaben im polizeilichen Vernehmungsprotokoll durch den zuständigen Sachbearbeiter über Vorbelastungen. Diese Informationen wurden getrennt erhoben. 9,3% (n.39) der Probanden gaben an, bereits vor der verfolgten Tat eine strafbare Handlung begangen zu haben. Hiervon waren 59,0% (n. 23) Delinquenten unter 18 Jahre und 41,0%(n.16) zwischen 18 und 20 Jahren.

Durch die zuständigen Sachbearbeiter der Polizeidienststellen wurden in 12,2% (n.51) der Probanden Vorbelastungen registriert. Hierbei handelte es sich um solche, auf die eine Sanktionierung erfolgte. Hier lag der Anteil der Heranwachsenden bei 37,3% (n.19)und der der Jugendlichen bei 62,7% (n.32).

Waren die vorangegangenen Taten nicht der gleichen Deliktsgruppe wie die verfolgte Tat zuzuordnen, wurde der Delinquent als Ersttäter behandelt. Da jedoch bei 92,2% (n.47) der Täter, welche bereits strafrechtlich sanktioniert worden waren, eine einschlägige Vorbelastung angegeben wurde, - dies erklärt sich daraus, daß in der polizeilichen Vernehmung danach gefragt wird, ob diese Tat das erste Mal begangen wurde -, erfolgten in diesen Fällen telefonische Nachfragen bei dem zuständigen Jugendrichter, ob die betroffenen Delinquenten dennoch in den Rüsselsheimer Versuch aufgenommen werden sollten.

4.3 Angehörige bei Erziehungsgespräch anwesend

Es überrascht nicht, daß bei 78% (n.78) der Heranwachsenden keine Begleitung von Familienangehörigen zum Erziehungsgespräch erfolgte. Bei 30,3% (n.96) der jugendlichen Delinquenten war dies jedoch ebenso wenig der Fall. Insgesamt kamen immerhin 44,1% (n.173) der Probanden allein zum Erziehungsgespräch.

Im Nationalitätenvergleich fiel auf, daß die deutschen Straftäter häufiger von ihrer Mutter begleitet wurden als ausländische Delinquenten, bei denen eine größere Präsenz des Vaters zu verzeichnen war. Hier offenbart sich eine unterschiedliche Rollenverteilung der Erziehungsberechtigten innerhalb der Familie. Dafür spricht auch, daß ausländische Delinquenten in 48,5% der Fälle allein zum Erziehungsgespräch kamen. So fanden diese meist dann statt, wenn der Vater arbeitete. Die Mutter wurde nicht hinzugezogen, obwohl eine Berufstätigkeit der Mutter weit seltener gegeben war als bei den deutschen Probanden. (Siehe Tabelle 35).

Im Geschlechtervergleich zeigte sich, daß die weiblichen Delinquenten seltener allein zum Erziehungsgespräch erschienen und am häufigsten von der Mutter begleitet wurden. (Siehe Tabelle 36).

4.4 Jugendgerichtshilfe bei Erziehungsgespräch anwesend

Insgesamt wurden in 401 Fällen Angaben darüber gemacht, ob die Jugendgerichtshilfe bei den Erziehungsgesprächen anwesend war. In 82,0% (n. 329) der Fälle konnte die Jugendgerichtshilfe an dem Erziehungsgespräch teilnehmen. Bei 18,0% (n. 72) der Gespräche nahm sie nicht teil.
Im Nationalitätenvergleich konnte festgestellt werden, daß die höchste Anwesenheitsquote der Jugendgerichtshilfe bei den marokkanischen Straftätern mit 91,1% und den türkischen mit 84,1% lag. Bei den deutschen Delinquenten war eine Anwesenheit in 80,3% der Fälle zu verzeichnen. Hingegen wurden nur 66,7% der griechischen Probanden zum Erziehungsgespräch von Vertretern der Jugendgerichtshilfe begleitet. Auch hier blieben jene Fälle, in denen keine Angaben über die Frage der Anwesenheit gemacht wurden, unberücksichtigt. (Siehe Tabelle 35).

Tabelle 35: Angehörige beim Erziehungsgespräch unter Berücksichtigung der Nationalität

	Total	Deutsche	Ausländer
Total	418 100%	198 100%	220 100%
Keine Angaben	26 6,2%	12 6,1%	14 6,4%
Total	392 100%	186 100%	206 100%
Keine	173 44,1%	73 39,2%	100 48,5%
Eltern	29 7,4%	12 6,5%	17 8,3%
Mutter	108 27,5%	70 37,6%	38 18,4%
Vater	70 17,9%	25 13,4%	45 21,8%
Großeltern	1 0,3%	1 0,5%	
Oma	4 1,0%	4 2,1%	
Geschwister	7 1,8%	1 0,5%	6 2,9%

Tabelle 36: Angehörige beim Erziehungsgespräch

	Total	m	w	J	H
Total	418	286	132	318	100
	100%	100%	100%	100%	100%
Keine Angaben	26	18	8	17	9
	6,2%	6,3%	6,1%	5,3%	9,0%
Total	392	267	124	301	91
	100%	100%	100%	100%	100%
Keine	173	134	39	95	78
	44,1%	50,2%	31,5%	31,6%	85,7%
Eltern	29	20	9	27	2
	7,4%	7,5%	7,3%	9,0%	2,2%
Mutter	108	57	51	101	7
	27,5%	21,3%	41,1%	33,6%	7,7%
Vater	70	51	19	66	4
	17,9%	19,1%	15,3%	21,9%	4,4%
Großeltern	1	1		1	
	0,3%	0,4%		0,3%	
Oma	4	1	3	4	
	1,0%	0,4%	2,4%	1,3%	
Geschwister	7	4	3	7	
	1,8%	1,5%	2,4%	2,3%	

4.5 Getroffene Maßnahme

Eine obligatorische Maßnahme im Rahmen des Erziehungsgesprächs war die Ermahnung. Dabei ging es darum, dem jugendlichen oder heranwachsenden Täter deutlich zu machen, daß er etwas getan hatte, was die Allgemeinheit nicht billigt.

Eine solche Ermahnung steht nicht der Verwarnung als Zuchtmittel gemäß § 13 Abs.2,Ziff.1 JGG gleich. Die Ermahnung ist die formlos ausgesprochene Zurechtweisung[163] und die eingriffsschwächste Maßnahme bei der informellen Verfahrenseinstellung.

Neben der Ermahnung erfolgten dann zum Teil weitere Erziehungsmaßnahmen. Diese Erziehungsmaßnahmen leiten sich nicht direkt aus den Erziehungsmaßregeln und Zuchtmitteln des JGG ab und erlauben daher dem

---

[163] Eisenberg (1997, § 45, Rdnr.26)

Jugendrichter eine freiere Gestaltungsmöglichkeit. Im allgemeinen sind sie jedoch mit den vom Gesetz vorgegeben Maßnahmen vergleichbar. Die im Rüsselsheimer Versuch neben der Ermahnung verhängten Maßnahmen waren die Geldbuße, die Arbeitsleistung, die Erziehungsbeistandschaft, der Täter - Opfer - Ausgleich, der Drogentest, die Umrüstung und die Anordnung des regelmäßigen Schulbesuchs. Sollte das Diversionsprojekt zukünftig über § 45 Abs. 3 abgewickelt werden, sind die Anordnung von Erziehungsbeistandschaft, Schulbesuch und die Durchführung von Drogentests nach dem Gesetz nicht mehr gestattet. Eine Umrüstung könnte als Schadenswiedergutmachung nach § 15 Abs.1 Nr.1 qualifiziert werden. Erwägenswert wäre auch eine Erweiterung von § 45 Abs. 3 de lege ferenda, allerdings ohne § 10 Abs. 1, Ziff.1, 2, 5 und 6 die als zu erschwerend in diesem Verfahren angesehen werden könnten.

Tabelle 37: Getroffene Entscheidung

	Total	m	w	J	H
Total	418 100%	286 100%	132 100%	318 100%	100 100%
Ermahnung ohne weitere Maßnahme	124 29,7%	72 25,2%	52 39,4%	100 31,4%	24 24,0%
Geldbuße	57 13,6%	46 16,1%	11 8,3%	20 6,3%	37 37,0%
Arbeitsleistung	199 47,6%	136 47,6%	63 47,7%	172 54,1%	27 27,0%
Erziehungsbeistand	4 1,0%	2 0,7%	2 1,5%	4 1,3%	
Täter-Opfer-Ausgleich	21 5,0%	20 7,0%	1 0,8%	18 5,7%	3 3,0%
Drogentest	8 1,9%	6 2,1%	2 1,5%		8 8,0%
Umrüstung	1 0,2%	1 0,3%			1 1,0%
Regelmäßiger Schulbesuch	4 1,0%	3 1,0%	1 0,8%	4 1,3%	

Mit Ausnahme der Arbeitsaufalge und der Geldbuße, die mit den Zuchtmitteln nach § 15 Abs.1, Ziff.3 und Ziff.4 vergleichbar sind, sind die weiteren Maßnahmen als Weisungen nach § 10 zu qualifizieren. Dennoch soll auch die Arbeitsauflage hier als Weisung verstanden werden, da bei Heinz / Hügel, wie auch bei Hock-Leydecker eine entsprechende Einteilung erfolgte [164]. Zur besseren Vergleichbarkeit der Untersuchungen soll deshalb von der gleichen Einteilung ausgegangen werden. Eine gemeinsame Betrachtung der Arbeitsleistung und Geldbuße in der vorliegenden Untersuchung zeigt, daß diese Maßnahmen in 60% der Fälle verhängt wurden. Zwar erfolgte eine unterschiedliche Gewichtung bei Geschlecht und Alter, dies hing aber mit der unterschiedlichen wirtschaftlichen Situation der Betroffenen zusammen und nicht mit Fragen der Erziehung. Wirkliche erzieherische Maßnahmen waren dagegen Erziehungsbeistandschaft, Drogentest und Umrüstung. Der Täter -Opfer- Ausgleich ist dagegen eher als tatbezogen zu werten.

Mit 56,7% (n.237) waren Weisungen die am häufigsten getroffene Erziehungsmaßnahme. In 29,7% (n.124) der Fälle erfolgte nur eine isolierte Ermahnung. Die Geldbuße wurde in 13,6% (n.57) verhängt. Heinz / Hügel kommen in ihrer Untersuchung zu einer vergleichbaren Stufenfolge[165]. Bei Hock-Leydecker stand dagegen die Ermahnung an erster Stelle der erfolgten Maßnahmen[166].

Bei Anwesenheit von Angehörigen am Erziehungsgespräch wurde häufiger durch den Jugendrichter nur eine Ermahnung ohne weitere Maßnahme ausgesprochen. Wurde der Delinquent von Geschwistern begleitet, wurde in 57,1% (n.4) durch den Jugendrichter nur ermahnt. Wegen der geringen absoluten Größe von nur 7 Fällen, in denen eine Begleitung durch Geschwister
erfolgte, läßt sich aber keine generelle Aussage hierzu treffen. Bei Anwesenheit der Eltern ermahnte der Jugendrichter ohne weitere Sanktion in 41,4% (n.12) der Fälle. War nur der Vater zum Erziehungsgespräch mitgekommen, lag die Quote bei 38,6% (n.27). In Begleitung der Mutter war die Ermahnung als einzige Erziehungsmaßnahme in 35,2% (n.38) der Fälle ausgesprochen worden. Wurden die jungen Straftäter jedoch von keinem Angehörigen begleitet, wurde nur bei 20,8% (n.36) dieser Tätergruppe als ausschließliche Sanktion eine Ermahnung ausgesprochen. Unbegleitet waren 30% der nur Ermahnten, 40% derer, die mit einer Arbeitsleistung belegt worden sind und 60% derer, die eine Geldbuße zahlen mußten.

---

[164]Heinz/Hügel (1987, S.31); Hock-Leydecker (1994, S.123 f.)
[165]Heinz/Hügel (1987,S. 39)
[166]Hock-Leydecker (1994,S. 129)

Diese Daten legen den Schluß nahe, daß die Anwesenheit von Angehörigen vor dem Jugendrichter bereits eine Reaktion der Familie auf die Tat indiziert hat, so daß eine größere Zurückhaltung bei der Wahl der Erziehungsmaßnahmen erfolgte. Im Rahmen der Befragung durch die Verfasserin erklärte der Jugendrichter dies dahingehend, daß Angehörige im Erziehungsgespräch angaben, es sei bereits eine interfamiliäre Bestrafung durchgeführt worden. Diese häuslichen Maßnahmen umfaßten Hausarrest von mindesten einer bis zu drei Wochen, massive körperliche Züchtigung, vierwöchiges Fernsehverbot und Taschengeldentzug.

Nicht aufgeklärt werden konnte die sich daran anschließende Frage, ob bei jenen Probanden, die ohne Begleitung erschienen waren, ebenfalls bereits eine häusliche Reaktion auf die Tat erfolgt war und dies bei der Anordnung von Erziehungsmaßnahmen Berücksichtigung gefunden hatte. (Siehe Tabelle 38).

Tabelle 38: Erziehungsmaßnahme und Angehörige[167]

	Total	Ermahnung	Abeitsleistung	Geldbuße	sonstiges
Total	418 100%	124 29,7%	199 47,6%	57 13,6%	38 9,1%
Keine	173 100%	36 20,8%	83 48,0%	39 22,5%	15 8,7%
Eltern	29 100%	12 41,4%	11 37,9%	2 6,9%	4 13,8%
Mutter	108 100%	38 35,2%	51 47,2%	10 9,3%	9 8,3%
Vater	70 100%	27 38,6%	34 48,6%	4 5,7%	5 7,1
Großeltern	1 100%		1 100%		
Oma	4 100%	2 50,0%	2 50,0%		
Geschwister	7 100%	4 57,1%	2 28,6%	1 14,3%	
Keine Angaben	26 100%	5 19,2%	15 57,5%	1 3,8%	5 19,2%

4.6 Höhe der Arbeitsleistung oder Geldbuße unter Berücksichtigung der täter-und tatbezogenen Merkmale

Bereits in anderen Untersuchungen konnte festgestellt werden, daß die Anordnung einer Arbeitsleistung oder die Verhängung einer Geldbuße deutlich von den dem Delinquenten zur Verfügung stehenden finanziellen Mitteln abhing[168]. In der vorliegenden Arbeit verhielt es sich gleichermaßen. Nur der Delinquent, der über ein regelmäßiges Einkommen verfügte, welches über ein bloßes Taschengeld hinausging, erhielt als Erziehungsmaßnahme eine Geldbuße. Dies ist darauf zurückzuführen, daß der Täter, der bereits im Berufsleben steht bzw. sich in Ausbildung befindet, nicht über genügend Freizeit verfügt, um Arbeitsleistungen nachzukommen. Die Entscheidung für oder gegen eine Geldbuße steht daher nicht unmittelbar

---

[167]Die prozentualen Angaben beziehen sich auf die Anwesenheit der Angehörigen beim Erziehungsgespräch
[168]Heinz/Hügel (1987,S. 33),Hock-Leydecker (1994, S.133)

mit der Tat in Zusammenhang, sondern ist das Resultat praktischer Überlegungen des Jugendrichters. Die Einstufung dieser Erziehungsmaßnahmen in Erziehungsmaßregeln und Zuchtmittel kann daher keine Abstufung der Intensität der Maßnahmen an sich bedeuten, wie es das JGG im formellen Jugendstrafverfahren vorsieht, zumal das JGG Arbeitsleistungen ebenso wie Geldbußen als gleichwertige Zuchtmittel kennt.

4.6.1 Arbeitsleistung

Mit 37,2% (n.74) wurde am häufigsten eine Arbeitsleistung von 12 bis 20 Stunden erteilt. Diese Zahlen decken sich mit anderen Untersuchungen. So erfolgten bei Heinz/Hügel 11 bis 20 Arbeitsweisungen mit 38,0% am häufigsten[169]. Auch Hock-Leydecker kam für die gleiche Anzahl von Arbeitsweisungen auf insgesamt 54,5%[170].
Arbeitsleistungen von 25 Stunden an aufwärts wurden in 17 Fällen gegenüber männlichen Probanden und nur in einem Fall gegenüber einer weiblichen Probandin ausgesprochen.
Zwar wurden männliche Straftäter auf den ersten Blick mit höheren Arbeitsleistungen belegt, dies ist jedoch nicht auf das Geschlecht, sondern auf die Schadenshöhe bzw. auf die Art der begangenen Straftat zurückzuführen. Gerade dies spricht dafür, die verhängte Arbeitsleistung nicht als Weisung, sondern als Zuchtmittel zu verstehen, die sich nicht so sehr am Betroffenen als vielmehr an der Tat und ihren Folgen orientiert. So wurde ab einer Schadenshöhe von DM 500.- bei Diebstählen, die ausschließlich von männlichen Straftätern begangen wurden, Arbeitsleistungen von 25 Stunden und mehr ausgesprochen. In vier Fällen hiervon lag ein besonders schwerer Fall vor. In zwei weiteren Fällen wurde eine hohe Arbeitsleistung wegen Sachbeschädigung gegenüber männlichen Probanden verhängt. Die Verhängung von Arbeitsleistungen orientiert sich danach überwiegend an der begangenen Straftat und ihren Folgen und nicht an dem Geschlecht der Probanden.
Dieses Ergebnis widerspricht auch nicht dem Erziehungsgedanken im Jugendstrafrecht, dem auch die ahndenden Maßnahmen unterstehen - allerdings nicht als Erziehungsmaßnahmen -, sondern bezeugt nur die systematische Weiterführung der Kriterien des Rüsselsheimer Versuchs. So erfolgt bereits eine Schadensabstufung durch die Begrenzung des Ver-

---

[169] Heinz/Hügel (1987, S.34)
[170] Hock-Leydecker (1994, S.136)

suchs auf eine Schadenshöhe von mehr als DM 5.- bis zu DM 500.-. Wird diese Begrenzung für Probanden, welche die Kriterien nicht erfüllen, aber dennoch als diversionsgeeignet angesehen werden, durchbrochen, muß sich die Abstufung dann aber in der getroffenen Maßnahme wiederfinden. Hierbei ist ebenfalls zu berücksichtigen, daß Jugendliche es als ungerecht empfinden könnten, wenn sich der Umfang der Erziehungsmaßnahme nur an dem Täter und nicht auch an der begangenen Straftat orientiert.

War eine Arbeitsleistung gegen Heranwachsende angeordnet worden, lag die Anzahl der Stunden mit 48,1% am häufigsten zwischen 12 und 20.

Die Arbeitsweisungen umfaßten Tätigkeiten bei der Caritas, in Behinderten - Einrichtungen, im Diakonischen Werk und im Tierschutzverein.

Tabelle 39: Arbeitsleistung

	Total	m	w	J	H
Total	199 100%	135 100%	64 100%	172 100%	27 100%
5 Std	55 27,6%	34 28,2%	21 32,8%	48 27,9%	7 25,9%
8-10 Std	52 26,1%	35 25,9%	17 26,6%	46 26,7%	6 22,2%
12-20 Std	74 37,2%	49 36,3%	25 39,1%	61 35,5%	13 48,1%
25-30 Std	15 7,5%	15 11,1%		15 8,7%	
40 Std	3 1,5%	2 1,5%	1 1,6%	2 1,2%	1 3,7%

Ebenso wie bei der Betrachtung der Geschlechter ergaben sich auch im Nationalitätenvergleich Unterschiede bei der Anzahl der auferlegten Arbeitsstunden.

Arbeitsleistungen von bis zu 10 Stunden wurden danach häufiger gegenüber deutschen Delinquenten verhängt, als dies bei ausländischen Probanden geschah. Dagegen lag der Anteil der ausländischen Jugendlichen und Heranwachsenden bei einer Arbeitsleistung ab 12 Stunden über dem der deutschen Probanden. Insbesondere im Bereich von 25 bis 30 Arbeitsstunden lag das Verhältnis bei 3,3% zu 11,0% zu Lasten der ausländischen Delinquenten.

Die Feststellungen des Jugendrichters, daß bei den ausländischen Probanden oft bereits im Elternhaus eine harte Bestrafung erfolgt sei, spricht gegen die Notwendigkeit einer längeren Arbeitsweisung bei dieser Tätergruppe. So soll eine bereits im familiären Kreis erfolgte Reaktion auf die Tat bei der Bemessung der anzuordnenden Maßnahme berücksichtigt werden.

Tabelle 40: Arbeitsleistung und Nationalität

	Total	Deutsche	Ausländer
Total	199	90	109
	100%	100%	100%
5 Std	55	29	26
	27,6%	32,2%	23,9%
8-10 Std	52	25	27
	26,1%	27,8%	24,8%
12-20 Std	74	23	41
	37,2%	25,6%	37,6%
25-30 Std	15	3	12
	7,5%	3,3%	11,0%
40 Std	3		3
	1,5%		2,6%

Je höher der materielle Schaden bei einem Diebstahl war, desto intensiver fiel die angeordnete Maßnahme durch den Jugendrichter aus. So wurde bei einem materiellen Schaden von über DM 500.- und Anordnung einer Arbeitsleistung zwischen 25 und 40 Stunden verhängt.
Bei einem Schaden bis zu DM 20.- wurden in der Regel nur fünf Stunden gemeinnützige Arbeit verhängt, bis DM 50.- zwischen fünf und zehn Stunden, bis DM 100.- zwischen acht und 20 Stunden und bis DM 500.- in der Regel zwölf bis 20 Arbeitsstunden. Obwohl insoweit die Anzahl der Arbeitsstunden mit der Schadenshöhe korreliert, scheint die Höhe des materiellen Schadens jedoch nicht ausschließlich maßgebend für die Höhe der Arbeitsweisung zu sein. Immerhin wurde in 11,6% (n.5) der Fälle mit einem Schaden von DM 101.- bis DM 500.- nur eine Arbeitsleistung bis zu 10 Stunden verhängt. Andererseits erfolgte bei einem Schaden von DM 51.- bis DM 100.- in 4,2% (n.2) die jugendrichterliche Aufforderung zur Ableistung von zwölf bis 20 Stunden gemeinnütziger Arbeit. (Siehe Tabelle 41).

Tabelle 41: Arbeitsleistung und Schadenshöhe

	-20 DM	21-50 DM	51-100 DM	101-500 DM	501-4000 DM
Total	18 100%	47 100%	32 100%	43 100%	3 100%
5 Std	16 88,9%	24 51,1%	1 3,1%	1 2,3%	
8-10 Std	2 11,1%	21 44,7%	14 43,8%	4 9,3%	
12-20 Std		2 4,2%	16 50,0%	31 72,1%	
25-30 Std				7 16,3%	2 75,0%
40 Std			1 3,1%		1 25,0%

4.6.2 Geldbuße

Heinz / Hügel kommen zu dem Ergebnis, daß eine Einstellung des Verfahrens durch den Jugendrichter mit 32,1% am häufigsten gegen eine Geldbuße in Höhe von DM 1.- bis DM 50.- erfolgte. Eine Geldbuße in Höhe von DM 51.- bis DM 100.- erfolgte in 29,8% der Fälle[171]. In der vorliegenden Untersuchung wurde dagegen mit 45,7% eine Geldbuße am häufigsten zwischen DM 51.- und DM 100.- ausgesprochen.
Obwohl, wie bereits unter 3.9.1 aufgeführt, keine wesentlichen Unterschiede in der Geschlechteraufteilung bei der Höhe des materiellen Schadens festzustellen war, spiegelte sich dies nicht in der Höhe der durch den Jugendrichter ausgesprochenen Geldbuße wieder. Bis zu einer Geldbuße von DM 50.- lag der Anteil der weiblichen Probanden bei 36,4% (n.4), im Gegensatz zu den männlichen Straftätern mit nur 4,3% (n.2). Wegen der geringen absoluten Zahlen bei der Verhängung einer Geldbuße bei der weiblichen Tätergruppe ist dieses Ergebnis jedoch nicht sehr aussagekräftig.
Da weibliche Delinquenten über geringere finanzielle Mittel verfügten als die männlichen Probanden (siehe hierzu 2.4), ist davon auszugehen, daß

---

[171] Heinz/Hügel (1987,S. 36)

wohl nicht das Geschlecht, sondern das verfügbare Einkommen der Grund einer unterschiedlichen Festsetzung der Höhe der Geldbuße war.

Tabelle 42: Geldbuße

	Total	m	w	J	H
Total	57	46	11	19	38
	100%	100%	100%	100%	100%
DM 1-50	6	2	4	2	4
	10,5%	4,3%	36,4	10,5%	10,5%
DM 51-80	14	12	2	8	6
	24,6%	26,0%	18,2	42,1%	15,8%
DM 81-100	12	8	4	3	9
	21,1%	17,0%	36,4	15,8%	23,7%
DM 101-200	12	11	1	2	10
	21,1%	23,9%	9,0	10,5%	26,3%
DM 201-300	8	8		3	5
	14,0%	17,3%		15,8%	13,2%
DM 301-600	5	5		1	4
	8,8%	10,9%		5,3%	10,5%

Die Nationalität als täterbezogenes Merkmal im Hinblick auf die Höhe der Geldbuße scheint dagegen im Rüsselsheimer Versuch keine Rolle zu spielen. Hier schwankte die prozentuale Verteilung bei den Tätergruppen, ohne einen Anknüpfungspunkt bei der Frage der Nationalität oder aber der Höhe des materiellen Schadens festmachen zu können. Wie bereits unter 3.9.2 ausgeführt wurde, ergaben sich auch bei der Höhe des Schadens im Nationalitätenvergleich keine wesentlichen Unterschiede. Erwartungsgemäß wurde die Geldbuße bei 38% der Heranwachsenden, die schon häufig über eigenes Einkommen verfügten (Tab.10: 40% monatlich mehr als DM 500.-) - Geldbuße über DM 100.- bei 19% der Heranwachsenden - , angewendet, aber nur bei 6,5% der Jugendlichen - Geldbuße über DM 100.- bei 2% der Jugendlichen -(Siehe Tabelle 43). (Vergl. hingegen Tab.10: Danach hatten 7,2% monatlich über DM 500.- zur Verfügung).

Tabelle 43: Geldbuße und Nationalität

	Total	Deutsche	Ausländer
Total	57 100%	33 100%	24 100%
DM 1-50	6 10,5%	4 12,1%	2 8,3%
DM 51-80	14 24,6%	6 18,2%	8 33,3%
DM 81-100	12 21,1%	7 21,2%	5 20,8%
DM 101-200	12 21,1%	8 24,2%	4 16,6%
DM 201-300	8 14,0%	4 12,1%	4 16,6%
DM 301-600	5 8,8%	4 12,1%	1 4,2%

Wie bereits bei der Gegenüberstellung von Schadenshöhe und Arbeitsleistung beobachtet werden konnte, erfolgte in der Regel bei steigender Schadenshöhe auch eine Anhebung der Geldbuße unter Berücksichtigung der dem Probanden zur Verfügung stehenden finanziellen Mittel. (Siehe Tabelle 44).

Tabelle 44: Schadenshöhe und Geldbuße

	-20DM	21-50 DM	51-100 DM	101-500 DM	501-4000 DM
Total	12 100%	17 100%	6 100%	5 100%	2 100%
DM 1-50	4 33,3%	1 5,9%			
DM 51-80	3 25,0%	8 47,1%	1 16,7%		
DM 81-100	2 16,7%	6 35,2%			
DM 101-200	2 16,7%	1 5,9%	4 66,6%	3 60,0%	
DM 201-300	1 8,3%	1 5,9%		2 40,0%	
DM 301-600			1 16,7%		2 100%

5. Legalbewährung

Als negative Legalbewährung galt für die Untersuchung jede weitere Straftat nach erfolgtem Erziehungsgespräch, die einen Verfahrensabschluß nach sich zog und in das Zentral- oder Erziehungsregister eingetragen worden war. Darüber hinaus wurde eine Untergruppe aus einschlägigem Rückfall gebildet. Einschlägig war der Rückfall dann, wenn die der Einsatztat folgende Tat der gleichen Deliktsgruppe angehörte.
Die Rückfalluntersuchung erfolgte auf Antrag anhand der Eintragungen im Bundeszentralregister und im Erziehungsregister gemäß § 60 Bundeszentralregistergesetz. Von den 421 Anfragen konnten nur drei wegen fehlender bzw. falscher Geburtsdaten durch das Bundeszentralregister nicht ausgewertet werden. Zu 418 Probanden wurden Registerauszüge erstellt. 141 Auszüge wiesen dabei überhaupt keine Eintragung, auch nicht den Einstellungsbeschluß des Amtsgerichts Rüsselsheims im Rahmen des Rüsselsheimer Versuchs auf.
Eintragungen werden aus dem Erziehungsregister nach § 63 Abs.1 Bundeszentralregistergesetz gelöscht, wenn der Straftäter das 24. Lebensjahr vollendet hat. Dennoch erklärt dies nicht die hohe Anzahl von fehlenden Eintragungen. Die Auszüge wurden durch das Bundeszentralregister im

Januar 1998 gezogen. Nur 51 der 141 Delinquenten, die überhaupt keine Eintragung aufwiesen, hatten zu diesem Zeitpunkt das 24. Lebensjahr bereits vollendet. Bei 90 dieser Probanden muß davon ausgegangen werden, daß eine Eintragung überhaupt nicht erfolgt ist. Dies entspricht einer Fehlerquote der Datenauszüge von 21,8%. Trotzdem konnten auch diese "negativen" Registerauszüge verwertet werden, da aus ihnen im Umkehrschluß hervorgeht, daß bei den Betroffenen keine weiteren Straftaten an das Erziehungsregister oder Bundeszentralregister weitergegeben wurden. Insgesamt muß darauf hingewiesen werden, daß Rückfalluntersuchungen anhand von Registerauszügen nur eine beschränkte Aussagekraft zugewiesen werden kann, denn nicht alle begangenen Straftaten werden auch tatsächlich eingetragen[172]. Das gilt nicht nur für Straftaten im Dunkelfeld, das ohnehin bei derartigen Untersuchungen vernachlässigt werden muß, sondern auch für Einstellungen nach §§ 153, 153a StPO, die nicht registerpflichtig sind. Aber auch für registerpflichtige Verfahrensabschlüsse stellte bereits Pfohl in einer Untersuchung aus dem Jahr 1973 fest, daß 10% nicht eingetragen waren[173]. Auch Hock- Leydecker ging in ihrer Rückfalluntersuchung davon aus, daß mindestens 8,4% der Ausgangstaten nicht in das Register eingetragen worden waren[174]. Ebenso stellte Matheis fest, daß nicht alle eintragungspflichtigen Einstellungen an das Zentralregister weitergegeben wurden[175]. Entgegen der Untersuchung von Kalpers-Schwaderlapp konnte die fehlende Eintragung nicht auf Unkenntnis der Eintragungspflicht zurückgeführt werden[176], da im Rüsselsheimer Versuch die Verpflichtung zur Weitergabe des Einstellungsbeschlusses an das Bundeszentralregister bekannt war. Aus diesen Ergebnissen muß geschlossen werden, daß auch weitere Straftaten nicht immer ordnungsgemäß eingetragen werden. Mit dieser Problematik sind jedoch alle Rückfalluntersuchungen, die sich auf Zentralregisterauszüge stützen, belastet. 324 der 418 Probanden traten strafrechtlich nicht mehr in Erscheinung. Nur bei 94 untersuchten Straftätern verlief die Legalbewährung negativ. Die Rückfallquote bei Einstellung des Verfahrens durch den Jugendrichter für den gesamten Untersuchungszeitraum lag damit bei 22,5%. Hock-Leydecker kam in ihrer Untersuchung bei der richterlichen Einstellung zu

---

[172] Heinz/Spieß/Storz (1988, S. 643)
[173] Pfohl (1973, S. 37); Böhm spricht von einer mäßigen "Meldemoral" (1992 S. 782)
[174] Hock-Leydecker (1994, S. 149)
[175] Matheis (1991, S.66)
[176] Kalpers-Schwaderlapp (1989, S.125)

einer Rückfallquote von 27,3%[177]. Heinz / Hügel kamen zu einem ähnlichen Ergebnis mit 28,5% bei einer Vorentscheidung nach § 47[178]. Bei Kalpers-Schwaderlapp wurde eine Einstellung durch den Jugendrichter nach § 47 im Rahmen des vereinfachten Jugendverfahrens untersucht. Danach lag die Rückfallhäufigkeit bei ca. 33%[179]. Matheis kam in seiner Untersuchung für das Jahr 1986 zu einem wesentlich günstigeren Ergebnis. Hiernach lag die negative Legalbewährung nach erfolgter Ermahnung durch den Staatsanwalt und anschließender Einstellung nach § 45 Abs.1 a.F.[180] bei nur 9,6%[181]. Hierbei war jedoch zu berücksichtigen, daß Matheis für die Tätergruppe des Jahres 1986 mündliche Ermahnungen für ausreichend erachtete und keine weiteren erzieherischen Maßnahmen anregte. Die Prognose Matheis´ hinsichtlich der weiteren Legalbewährung war somit günstiger als dies für die Probandengruppe des Rüsselsheimer Versuchs galt, bei der neben der Ermahnung zum Teil weitere erzieherische Maßnahmen angeordnet worden waren.

Abbildung 3: Legalbewährung

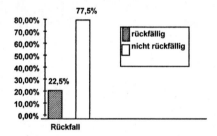

Entgegen anderen Untersuchungen[182] wurden auch jene Täter in die Rückfallüberprüfung einbezogen, die bei der polizeilichen Vernehmung als "vorbelastet" vermerkt wurden. Dies waren laufende Ermittlungsverfahren ebenso wie informelle Verfahrenseinstellungen. Zwar war danach eines der Formalkriterien des Rüsselsheimer Versuchs nicht mehr gege-

---

[177] Hock-Leydecker (1994, S. 152)
[178] Heinz/Hügel (1987, S. 62)
[179] Kalpers-Schwaderlapp (1989, S. 144)
[180] Die Einstellung nach schriftlicher Ermahnung wurde nicht berücksichtigt, da sie mit einer richterlichen Einstellung nicht vergleichbar ist.
[181] Matheis (1991, S.119)
[182] Hock-Leydecker (1994, S.149 f) Sie nahm alle Täter, welche vor der Einsatztat bereits eine Eintragung aufwiesen, aus der Rückfalluntersuchung heraus.

ben, die Täter waren jedoch als diversionsgeeignet eingestuft worden. Da jedoch die Voraussetzung, nur "Ersttäter" im Rüsselsheimer Versuch zu sanktionieren, auf der generellen Annahme beruht, hierdurch am ehesten "diversionstaugliche" Delinquenten aus der Gruppe junger Straftäter aussondern zu können, ist dieses Kriterium gerade nicht Selbstzweck. Erscheint ein Jugendlicher oder Heranwachsender den am Verfahren beteiligten Institutionen für den Rüsselsheimer Versuch geeignet, besteht wegen des Grundsatzes der Verhältnismäßigkeit und des Subsidiaritätsprinzips im JGG sogar die Notwendigkeit, auch einen bereits vorbelasteten jungen Delinquenten in das Programm aufzunehmen.

Die Abfrage der Legalbewährung wurde in verschiedene Zeitabschnitte nach der untersuchten Tat aufgeteilt. Abgefragt wurden
1. ein Zeitraum von bis zu sechs Monaten nach erfolgtem Erziehungsgespräch bzw., endgültiger Verfahrenseinstellung
2. ein Zeitraum von sechs Monaten und einem Tag bis zu zwölf Monaten,
3. ein Zeitraum von zwölf Monaten und einem Tag bis zu 18 Monaten,
4. ein Zeitraum von 18 Monaten und einem Tag bis zu 24 Monaten,
5. über 24 Monate.

Ein Vergleich dieser Daten mit anderen empirischen Untersuchungen unterliegt wegen des unterschiedlichen Legalbewährungszeitraums einem erheblichen Verzerrungseffekt. Bei Matheis wurde auf eine differenzierte Betrachtung verzichtet und ein Legalbewährungszeitraum von einem Jahr, elf Monaten sowie zwei Jahren, elf Monaten festgelegt[183]. Kalpers-Schwaderlapp teilte nach kürzeren Legalbewährungszeiträumen auf und erhielt die höchste Rückfallquote innerhalb der ersten sechs Monate[184].
Von den im Rüsselsheimer Versuch untersuchten rückfälligen Probanden traten 34,0% strafrechtlich erst wieder nach über 24 Monaten in Erscheinung. Immerhin 20,2% begingen in den ersten sechs Monaten wieder eine Straftat. Danach fiel die Rückfallquote auf 17,0%. Zwischen einem und 1,5 Jahren Legalbewährungszeitraum lag die Rückfallquote bei 13,8%. Danach stieg sie wieder leicht auf 14,9% an. (Siehe Abbildung 4).

---

[183]Matheis (1991, S.73)
[184]Kalpers-Schwaderlapp (1989, S.128)

Abbildung 4: Legalbewährungsverlauf

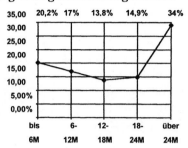

5.1 Rückfall, Altersstatus und Geschlecht

Für die weiblichen Delinquenten ergab sich eine bessere Legalbewährung als für die männlichen Probanden. So wurden nur 18 Mädchen und junge Frauen wieder rückfällig. Dies entspricht einer Rückfallquote von 13,7%. Bereits Pfohl konnte in seiner Untersuchung feststellen, daß die Wahrscheinlichkeit, wieder rückfällig zu werden, bei weiblichen Delinquenten wesentlich geringer war[185]. Heinz / Hügel kamen in ihrer Untersuchung zwar zu einer Rückfallquote nach Einstellung gemäß § 47 a.f. von 26,9%, diese lag jedoch ebenfalls deutlich unter der Quote der männlichen Probanden[186]. Der geringe Anteil von Frauenkriminalität wird vielfach mit der unterschiedlichen informellen Sozialkontrolle und einer differentiellen Sozialisation, also einer unterschiedlichen geschlechtsspezifischen Rolle der Frau in unserer Gesellschaft erklärt[187]. Durch eine besser funktionierende Sozialkontrolle im familiären Umfeld von jungen Frauen soll bei Vorliegen der ansonsten gleichen Faktoren wie beim männlichen Geschlecht dennoch eine bessere Legalbewährung erreicht werden können. Bei den männlichen Straftätern lag die Rückfallhäufigkeit im Rüsselsheimer Versuch mit 76 Probanden bei 26,6 %.

5.1.1 Rückfallgeschwindigkeit unter Berücksichtigung von Alter und Geschlecht

Von den insgesamt 94 rückfälligen Probanden wurde von 20,2% (n.19) eine erneute Straftat bereits innerhalb der ersten sechs Monate nach der

---

[185]Pfohl (1973, S. 39)
[186]Heinz/Hügel (1987, S. 68)
[187]Kaiser (1997, S. 263f)

endgültigen Verfahrenseinstellung nach § 47 begangen. Daneben war ein massiver Anstieg der negativen Legalbewährung nach über 24 Monaten zu verzeichnen. Insgesamt schienen die Maßnahmen im Rüsselsheimer Versuch nach zwei Jahren geringfügig an Wirkung zu verlieren, so daß es danach wieder zu einem Anstieg des abweichenden Verhaltens kam. Insgesamt wurden 8% (n.8) der Heranwachsenden, alle waren männlich, 7 nichtdeutsch, wieder straffällig. Bei den Jugendlichen lag die Rückfallquote insgesamt bei 27% (n.86), die männlichen jugendlichen Probanden wurden in 31% (n.64) der Fälle wieder straffällig. Der festgestellte geringe Anteil der Heranwachsenden an der Gruppe der Rückfälligen mag damit zusammenhängen, daß ein Rückfall nach allgemeinem Strafrecht hätte geahndet werden müssen, da zum Zeitpunkt der Rückfalluntersuchung Anfang 1998 alle Heranwachsenden des Rüsselsheimer Versuchs über 21 Jahre alt waren. Bagatellkriminalität wird im Erwachsenenstrafrecht aber häufig über die §§ 153, 153a StPO geahndet. Da diese Verfahrenseinstellungen aber nicht registerpflichtig sind, konnte anhand der Bundeszentralregisterauszüge hierzu keine Angabe erfolgen.

Tabelle 45: Rückfall unter Berücksichtigung von Alter und Geschlecht

Rückfall Zeitraum	J	H	m	w	
Total	94 100%	86 100%	8 100%	76 100%	18 100%
Bis 6 Monate	19 20,2%	16 18,6%	3 37,5%	16 21,1%	3 16,7%
6+1T bis 12 Monate	16 17,0%	15 17,4%	1 12,5%	14 18,4%	2 11,1%
12+1T bis 18 Monate	13 13,8%	13 15,1%	0	10 13,6%	3 16,7%
18+1T bis 24 Monate	14 14,9%	13 15,1%	1 12,5%	13 17,1%	1 5,6%
Über 24 Monate	32 34,0%	29 33,7%	3 37,5%	23 30,3%	9 50,0%

5.1.2 Anzahl der Registereintragungen, die der untersuchten Tat zeitlich nachfolgen

Von den im Rüsselsheimer Versuch behandelten jungen rückfälligen Straftätern wurden bis zu acht weitere Straftaten registriert und sanktioniert. 50% der wiederholt delinquent gewordenen Probanden begingen jedoch nur noch eine weitere Straftat. Bei den Heranwachsenden lag der Anteil der einmaligen Rückfalltäter bei 62,5%, bei den weiblichen Tätern sogar bei 94,4%. Auch Heinz / Storz konnten feststellen, daß 91% der strafrechtlich registrierten Frauen im Jugendalter nicht mehr als eine Eintragung aufwiesen[188]. Dagegen wurden die männlichen Probanden nur in 39,5% der Fälle noch einmal rückfällig.

In nur einem Fall wurde während des Untersuchungszeitraums als Sanktion auf die weitere begangene Straftat – es war der achte Rückfall – eine Jugendstrafe verhängt, welche zur Bewährung ausgesetzt wurde. In einem Fall erfolgte eine Verurteilung zu einer Geldstrafe. (Siehe Tabelle 46).

5.2 Rückfall im Nationalitätenvergleich

Ausländische Probanden waren bereits bei der Einsatztat mit einer Differenz von 5,3% häufiger im Rüsselsheimer Versuch vertreten als deutsche Probanden. Beim Vergleich der negativen Legalbewährung zeigte sich eine noch höhere Diskrepanz mit einer Differenz von 9,1% zu Lasten der Gesamtgruppe der ausländischen Probanden. Da aber diese Tätergruppe durchschnittlich mit belastenderen Maßnahmen vor Verfahrenseinstellung sanktioniert wurde, kann die Wahl der getroffenen Maßnahme hierfür nicht unmittelbar als Ursache herangezogen werden. Dieses Ergebnis stimmt mit der Annahme überein, daß auch unter Berücksichtigung möglicher statistischer Verfälschungen zu Ausländerkriminalität bei dieser Tätergruppe eine höhere Kriminalitätsbelastung als bei der deutschen Vergleichsgruppe vorliegt[189]. So wird der Konflikt der ausländischen Jugendlichen der 2. und 3. Generation mit ihren Eltern ebenso als Ursache genannt, wie auch Sprachbarrieren und dadurch verursachte schlechtere Schulbildung in dieser Bevölkerungsgruppe[190].

---

[188]Heinz/Storz (1992, S.139)
[189]Schneider (1993, S.71)
[190]Göppinger (1997, S.40); Schneider (1993, S.72 f.)

Isolierte man die marokkanische Tätergruppe von den anderen ausländischen Probanden, verblieb für die zuletzt genannte Gruppe allerdings nur noch eine erhöhte negative Legalbewährung von 6%. Besonders auffällig war die schlechte Legalbewährung der marokkanischen Probanden mit nur 61,7% Nichtrückfälliger[191]. Ein Grund hierfür könnte darin liegen, daß diese Bevölkerungsgruppe bisher am schlechtesten integriert ist. Unter den Jugendlichen und Heranwachsenden war eine große Anzahl zu finden, die erst nach ihrer Geburt in die Bundesrepublik einreisten und die ersten 10 -12 Lebensjahre in Marokko verbrachten. Die noch sehr starke Einbindung in den eigenen Kulturbereich kann dabei Irritationen bei der Anpassung an westliche Lebensformen mit sich gebracht haben, die auch Auswirkungen auf das Legalverhalten des einzelnen nach sich ziehen können[192]. Hier fragt sich, ob die Reaktionsart auf das strafbare Verhalten besonderen Einfluß auf das weitere Legalverhalten hat, oder ob diese Tätergruppe bereits präventiv einer intensiveren Betreuung bedarf. So erklärten insbesondere marokkanische Jugendliche ihren Lehrern häufiger gegenüber, daß "jeder auf seine Sachen selbst aufpassen muß. Wer dies versäumt, ist an dem Diebstahl selbst schuld." (Siehe Abbildung 5 und Tabelle 47).

---

[191] Auf Befragen zur hohen negativen Legalbewährungsquote erklärte der Jugendrichter, daß dieses Phänomen einige Jahre vorher bei Jugendlichen und Heranwachsenden türkischer Nationalität zu beobachten gewesen sei. Danach scheint die Rückfallgefährdung mit zunehmender Dauer des Aufenthalts abzunehmen bzw. die zuletzt zugereiste Nationalitätengruppe am stärksten rückfallgefährdet zu sein.
[192] Brunner/Dölling (1996, Einf. I Rdnr.19)

Tabelle 46: Rückfallhäufigkeit unter Berücksichtigung von Alter und Geschlecht

Anzahl des Rückfalls		J	H	m	w
Total	94 100%	86 100%	8 100%	76 100%	18 100%
1	47 50%	42 48,3%	5 62,5%	30 39,5%	17 94,4%
2	21 22,3%	19 22,1%	2 25,0%	21 27,7%	
3	12 12,8%	12 14,0%		12 15,8%	
4	7 7,4%	7 8,1%		6 7,9%	1 5,6%
5	3 3,1%	3 3,5%		3 3,9%	
6	1 1,1%		1 12,5%	1 1,3%	
7	2 2,1%	2 2,3%		2 2,6%	
8	1 1,1%	1 1,2%		1 1,3%	

Abbildung 5: Rückfall und Nationalität

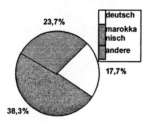

Tabelle 47: Rückfall und Nationalität

Rückfall	Deutsche	marokkanisch	sonstige Nationalitäten
Ja	35 17,7%	18 38,3%	41 23,7%
Nein	163 82,3%	29 61,7%	132 76,3%

Bei einer weiteren Unterteilung nach Geschlecht und Alter zeigte sich, daß in beiden Untergruppen bei den ausländischen Delinquenten mehr junge Frauen und Heranwachsende vertreten waren als bei den deutschen Delinquenten. Angesichts der geringen absoluten Zahlen ist eine Bewertung dieses Ergebnisses aber sehr zurückhaltend vorzunehmen.

Tabelle 48: Rückfall und Nationalität unter Berücksichtigung des Alters und Geschlechts

Rückfall	Total	m	w	J	H
Deutsche	35 100%	29 82,9%	6 17,1%	34 97,1%	1 2,9%
Ausländer	59 100%	47 79,7%	12 20,3%	52 88,1%	7 11,9%

5.2.1 Rückfallgeschwindigkeit

Bei der Rückfallgeschwindigkeit im Nationalitätenvergleich zeigten sich markante Unterschiede. Danach wurden innerhalb der ersten sechs Monate nur 12,8% (n.5) der deutschen Probanden wieder straffällig. Bei den ausländischen Probanden lag der Anteil dagegen bei 25,5% (n.14). Dem gegenüber wurden nach über 24 Monaten im Verhältnis mit 41% (n.16) mehr Deutsche als Probanden anderer Nationalitäten mit 29,1% (n.16) wieder straffällig. (Siehe Abbildung 6 und Tabelle 49).

Abbildung 6: Rückfallgeschwindigkeit im Nationalitätenvergleich

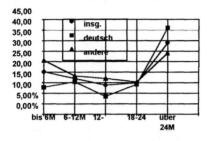

Tabelle 49: Rückfallgeschwindigkeit im Nationalitätenvergleich

	Total	Deutsche	Ausländer
Total	94 100%	35 100%	59 100%
Bis 6 Monate	19 20,2%	5 12,8%	14 25,5%
6 + 1Tag bis 12 Monate	16 17,0%	6 15,4%	10 18,2%
12 + 1Tag bis 18 Monate	13 13,8%	3 8,5%	10 16,9%
18 + 1Tag bis 24 Monate	14 14,9%	5 14,2%	9 15,3%
Über 24 Monate	32 34,0%	16 41%	16 29,1%

5.2.2 Anzahl der Registereintragungen

Bei der Rückfallhäufigkeit waren keine erheblichen Unterschiede im Nationalitätenvergleich feststellbar. Lediglich bei nur einer weiteren Registereintragung, also geringer Rückfallhäufigkeit, war bei den ausländischen Delinquenten mit einer Differenz von 9,3% eine bessere Legalbewährung feststellbar. (Siehe Tabelle 50).

Tabelle 50: Anzahl der Eintragungen im Nationalitätenvergleich

	Total	Deutsche	Ausländer
Total	94 100%	35 100%	59 100%
1	47 50%	16 45,7%	31 55%
2	21 22,3%	8 22,9%	13 22,0%
3	12 12,8%	6 17,1%	6 10,2%
4	7 7,4%	2 5,7%	5 8,5%
5	3 3,1%	1 2,9%	2 3,4%
6	1 1,1%		1 1,7%
7	2 2,1%	2 5,7%	
8	1 1,1%		1 1,7%

5.3 Rückfall und Schule

Die Legalbewährung der Probanden unterschied sich bei der Betrachtung der verschiedenen Schulformen erheblich. Gymnasial- oder Realschüler wiesen hierbei eine wesentlich bessere Legalbewährung auf als Schüler von Gesamt- oder Hauptschulen. Wie bereits unter 2.3 ausgeführt wurde, bedürfen die Zahlen der Haupt- und Realschüler einer vorsichtigen Betrachtung, da es hier zu Fehlerquellen gekommen sein kann. Völlig aus dem Rahmen fielen die Sonderschüler, deren Rückfallquote bei 83,3% lag. Trotz der geringen absoluten Zahl von nur sechs Sonderschülern, die im Rüsselsheimer Versuch sanktioniert wurden, kann man dies nicht als Zufallsergebnis werten. Auch Matheis kam in seiner Rückfalluntersuchung dazu, daß die höchste Rückfallquote bei Sonderschülern vorlag[193]. Kalpers-Schwaderlapp konnte ein ähnlich auffälliges Ergebnis vorwei-

---

[193]Matheis (1991, S. 131)

sen[194]. Dies bestätigt Erkenntnisse in der kriminologischen Forschung, daß registriertes negatives Legalverhalten mit Schuldefiziten bzw. gestörtem Schulverhalten korreliert[195]. Dies gilt für den Besuch von Sonderschulen ebenso wie für den fehlenden Besuch von weiterführenden Schulen[196]. Ebenfalls überdurchschnittlich rückfallbelastet waren Schüler der Berufsfachschule[197] mit einer Quote von 35,0%(n.7). Dieses Ergebnis konnte durch andere Untersuchungen nicht bestätigt werden. Matheis kam hierbei nur auf 21,4%[198].

Bei den mehrfach Rückfälligen waren Schüler der integrierten Gesamtschule am stärksten betroffen. Von den insgesamt 89 Schülern begingen 13 Schüler eine weitere Straftat, sieben Schüler wurden zweimal rückfällig. Drei weitere Straftaten wurden von vier Schülern begangen, sieben Schüler begingen mehr als drei Straftaten. (Siehe Tabelle 51).

Die Geschlechteraufteilung führte zu keinem wesentlich anderen Ergebnis. Bei Berücksichtigung des Geschlechts besuchten die meisten weiblichen rückfälligen Probanden mit jeweils sechs Täterinnen eine Gesamtschule oder eine Hauptschule. (Siehe Tabelle 52).

---

[194]Kalpers-Schwaderlapp (1989, S. 132 f)
Hier erfolgte jedoch eine gemeinsame Erfassung der Sonderschüler mit Hauptschülern.
[195]Eisenberg (1997, § 61 Rdnr. 12); Schwind (1998, S. 210 f.)
[196]Schöch (1993b, S. 458)
[197]Eine Berufsfachschule bietet neben den üblichen Schulabschlüssen (Haupt-und Realschulabschluß, Abitur) bereits während der Schulzeit berufsbezogene Ausbildungslehrgänge an. Der Besuch der Berufsschule setzt dagegen einen bereits bestehenden Schulabschluß voraus.
[198]Matheis (1991, S. 131)

Tabelle 51: Rückfall und Schule

	Total	Rückfall ja	Rückfall nein
Total	418 100%	94 22,5%	324 77,5%
Keine Angabe	14 100%	1 7,1%	13 92,9%
Gymnasium	52 100%	8 15,4%	44 84,6%
Realschule	48 100%	5 10,4%	43 89,6%
Berufsschule	72 100%	16 22,2%	56 77,8%
Hauptschule	67 100%	18 26,9%	49 83,1%
Gesamtschule	89 100%	31 34,8%	58 65,2%
Berufsfachschule	20 100%	7 35,0%	13 65,0%
Sonderschule	6 100%	5 83,3%	1 16,7%
Volkshochschule	14 100%	1 7,1%	13 92,9%
Universität	1 100%	0 0%	1 100%
Schule beendet	35 100%	2 5,7%	33 94,3%

Tabelle 52: Rückfall und Schule unter Berücksichtigung von Alter und Geschlecht

	Rückfall	m	w	J	H
Gymnasium	8	6	2	5	3
	100%	75%	25%	62,5%	37,5%
Realschule	5	3	2	5	
	100%	60%	40%	100%	
Berufsschule	16	16		13	3
	100%	100%		81,3%	18,7%
Hauptschule	18	12	6	18	
	100%	66,7%	33,3%	100%	
Gesamtschule	31	25	6	31	
	100%	80,6%	19,4%	100%	
Berufsfach-	7	5	2	7	
schule	100%	71,4%	28,6%	100%	
Sonderschule	5	5		5	
	100%	100%		100%	
Volkshoch-	1	1		1	
schule	100%	100%		100%	
Schule beendet	2	2		2	
	100%	100%		100%	

Zwar wurden im polizeilichen Vernehmungsprotokoll auch Aussagen der Probanden über ihre schulische Leistungseinschätzung festgehalten. Dies erfolgte jedoch undifferenziert und beschränkte sich auf ein "sehr gut", "gut", "mittelmäßig" oder "schlecht". Das tatsächliche Leistungsniveau der Probanden in Schule und Ausbildung konnte deshalb im Rahmen der Legalbewährung nicht überprüft werden. Die Überprüfung einer möglichen Korrelation zwischen erneuter negativer Legalbewährung und Schule mußte sich deshalb auf die Darstellung des Schultyps beschränken.

5.4 Rückfall und Freizeitverhalten

Zur Freizeitgestaltung machten 186 Probanden keine Angaben, 148, also 79,6% dieser Gruppe wurden nicht mehr straffällig. Auch bei der Rückfalluntersuchung erfolgte eine Einteilung des Freizeitverhaltens nach strukturiertem und unstrukturiertem Freizeitverhalten. Das "Zuhause bleiben" wurde als typische weibliche Freizeitbeschäftigung neutral bewertet, da es keine Rückschlüsse auf den Inhalt der Freizeitgestaltung zuläßt.

Weniger rückfallgefährdet waren jene Täter, die ein strukturiertes Freizeitverhalten aufwiesen (n.25 von n.56), also in ihrer Freizeit jobbten, einem musikalischen Hobby nachgingen, sonstigen aktiven Hobbys nachgingen oder aktiv in einem Verein Sport trieben. Für die letzte Gruppe stellte Stuckensen nach Durchführung einer empirischen Untersuchung "Die Chance von Sportvereinen bei der Resozialisierung krimineller Jugendlicher" fest, daß eine solche pauschale Chance nicht bestehe[199] und sich der Sportverein neutral zur Kriminalität insgesamt verhalte. Die Mitgliedschaft in einem Sportverein könne Kriminalität nicht verhindern[200]. Wie die vorliegende Untersuchung zeigt, ist die Mitgliedschaft in einem Sportverein zwar nicht generell geeignet, Kriminalität zu verhindern, jedoch kann sie bei geringer Kriminalität, wie im Rüsselsheimer Versuch, das Rückfallrisiko verringern, denn nur 10 von 40 Probanden, die im Sportverein aktiv waren, wurden wieder rückfällig. Geht man von der Annahme aus, daß abweichendes Verhalten im Jugendalter etwas ganz normales ist, kann der Sportverein dazu beitragen, daß es bei einem einmaligen Fehlverhalten bleibt, da der Delinquent zumindest nicht aus Langeweile in der Freizeit weitere Straftaten begeht. Dem steht insoweit auch nicht die Untersuchung von Stuckensen entgegen. Folgt man der Annahme, daß Delinquenz in der Gruppe selbst ein Art Freizeitgestaltung darstellen kann, welche Spannung und Abenteuer verspricht, kann durch organisierte Freizeitgestaltung dieser Gefahrenbereich minimiert werden[201]. Da der Rüsselsheimer Versuch Aggressionsdelikte nicht umfaßt, können Aussagen zum Einfluß der Mitgliedschaft in einem Sportverein für diese Tätergruppe nicht gemacht werden.

Obwohl durch sonstige aktive Hobbys die Freizeit von 18 Probanden strukturiert verbracht wurde, wurden hiervon nur 55,6% (n.10) nicht wieder straffällig. Bei den Probanden, die die ihnen zur freien Verfügung stehende Zeit zu Hause verbrachten, lag der nichtrückfällige Anteil bei 88,2% (n.30). Dieses Ergebnis wird aber weniger mit der Freizeitgestaltung, als mit dem Umstand zusammenhängen, daß hauptsächlich Mädchen dieser Gruppe angehören. (Siehe Tabelle 53).

---

[199] Stuckensen (1998, S.88)
[200] Stuckensen (1998, S.83ff)
[201] So Walter (1995, S.71)

Tabelle 53: Rückfall und Freizeitverhalten

	Total	Rückfall ja	Rückfall nein
Total	418	94	324
Keine Angabe	186 100%	38 20,4%	148 79,6%
strukturiert			
Im Sportverein aktiv	40 100%	10 25%	30 75%
Jobben	30 100%	7 23,3%	23 76,7%
Musizieren	7 100%	0 0%	7 100%
Sonstige aktive Hobbys	18 100%	8 44,4%	10 55,6%
unstrukturiert			
Sportliche Aktivitäten	15 100%	6 40,0%	9 60,0%
Mit Freunden zusammen sein	41 100%	10 24,4%	31 75,6%
Sportliche Aktivitäten + mit Freunden zusammen sein	47 100%	11 23,4%	36 76,6%
neutral			
Zu Hause sein	34 100%	4 14,5%	30 88,2%

Die weiblichen Delinquenten waren in ihrer Freizeit inaktiver als die männliche Tätergruppe. Überwiegend verbrachten die Mädchen und jungen Frauen ihre Freizeit zu Hause. Insbesondere bei den ausländischen weiblichen Probanden islamischen Glaubens ist diese Passivität nicht auf Lustlosigkeit oder Desinteresse zurückzuführen, sondern ist in dem Verbot durch die Familie, außerhalb die Freizeit zu verbringen, begründet. Vielfach haben die Mädchen und jungen Frauen auch in erheblichem Umfang häusliche Tätigkeiten auszuführen und auf kleinere Geschwister aufzupassen.

Leider erfolgte bei den Heranwachsenden keine übermäßige Aufklärung des Freizeitverhalten, so daß zu dieser Tätergruppe keine Aussagen im Hinblick auf die Legalbewährung und das Freizeitverhalten gemacht werden können.

Tabelle 54: Rückfall und Freizeitverhalten unter Berücksichtigung von Alter und Geschlecht

Rückfall	ja	m	w	J	H
strukturiert					
Im Sportverein aktiv	10 100%	9 88,9%	1 11,1%	10 100%	
Jobben	7 100%	4 57,1%	3 42,9%	7 100%	
Sonstige aktive Hobbys	8 100%	8 100%		8 100%	
unstrukturiert					
Sportliche Aktivitäten	6 100%	6 100%		6 100%	
Mit Freunden zusammen sein	10 100%	8 80,0%	2 20,0%	10 100%	
Sportliche Aktivitäten + Mit Freunden Zusammen sein	16 100%	14 87,5%	2 12,5%	16 100%	
neutral					
Zu Hause sein	4 100%	1 25,0%	3 75,0%	3 75,0%	1 25,0%

5.5 Rückfall bei Alleintäterschaft und Tätergemeinschaft

In Übereinstimmung mit kriminologischen Befunden[202] konnte festgestellt werden, daß eine positive Legalbewährung seltener vorlag, wenn die Eingangstat von mehreren Tätern gemeinschaftlich oder im Beisein eines anderen Täters begangen worden war[203]. So wurden 19,5% (n.49) aller Al-

---

[202] Walter (1995, S. 156)
[203] Häufig wurde im juristischen Sinn eine gemeinsame Tatbegehung abgelehnt, jedoch zwei Einzeltaten zweier Täter angenommen. Aus den Aussagen im polizeilichen Ermittlungsprotokoll ging jedoch hervor, daß die Straftat im Beisein eines Freundes, der ebenfalls eine strafbare Handlung unternahm, begangen wurde.

leintäter wieder straffällig. Lag bei der Einsatztat eine Tätergemeinschaft vor, wurden dagegen 26,9% (n.45) dieser Gruppe rückfällig. In diesen Fällen scheint offenbar eine Gruppendynamik eingetreten zu sein, die die Einsicht, eine strafbare Handlung zu begehen und dies als negativ zu erkennen, herabgesetzt hat, bzw. bei gemeinsamer Tatbegehung das Risiko, "erwischt" zu werden als gering angesehen wurde.

Abbildung 7: Rückfall bei Tätergemeinschaft

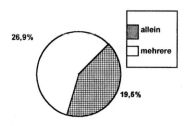

Tabelle 55: Rückfall der Alleintäter und bei Tätergemeinschaft

	Total	Alleintäter	mehrere Täter
Total	418 100%	251 100%	167 100%
Rückfall	94 22,5%	49 19,5%	45 26,9%
Kein Rückfall	324 77,5%	202 80,5%	122 73,1%

Dieses Ergebnis einer höheren Rückfallwahrscheinlichkeit bei Tätergemeinschaft zum Zeitpunkt der Einsatztat, betraf bei einer Aufteilung nach Geschlecht nur die männliche Probandengruppe. Von allen weiblichen Probanden hatten 43,9% (n.58 von n.132) die Einsatztat in Gemeinschaft mit anderen begangen. Bei den weiblichen 18 Rückfalltätern lag dagegen eine vorherige gemeinsame Tatbegehung bei nur 38,9% (n.7) vor. Von den insgesamt 286 männlichen Delinquenten waren 38,1% (n.109) keine Alleintäter. Bei der Gruppe der 76 männlichen Rückfälligen lag der Anteil der gemeinsamen Tatbegehung dann jedoch bei 50,0% (n.38). Bei dem Altersvergleich zeigte sich, daß 3/4 der rückfälligen heranwachsenden Täter (n.6) die Tat alleine begangen hatten. Von den 68 männlichen Jugendlichen waren 47,1% (n.32) Alleintäter und 52,9% (n.36) nicht.

5.6 Rückfall und Familienstand der Eltern

Weist man der Familie einen "kriminogenen Faktor", mit dem "broken home" – also einer gestörten Sozialstruktur der Familie, etwa durch Scheidung der Eltern verursacht – als Mittelpunkt des kriminologischen Interesses zu oder aber eine Sozialkontrolle durch die Familie, welche durch deren Unvollständigkeit in der familiären Kontrolle beeinträchtigt ist[204], konnten auch in der vorliegenden Untersuchung Unterschiede im Legalverhalten bei unterschiedlicher Familienstruktur festgestellt werden. So lag die Rückfallquote bei Probanden, deren Eltern geschieden waren, bei 27,5% (n.19). Bei der Rückfallüberprüfung zeigte sich unter Außerachtlassung der Fälle, in denen keine Angaben zum Familienstand erfolgten, die beste Legalbewährung in der Gruppe der Probanden, deren Erziehungsberechtigte verwitwet waren. Hier wurden nur 13,3% (n.2) Delinquenten wieder mit einer bzw. zwei Straftaten rückfällig. Waren die Eltern verheiratet, wiesen 21,9% (n.68) der Probanden eine negative Legalbewährung auf. Die schlechteste Legalbewährung lag damit bei Jugendlichen vor, deren Eltern geschieden waren. Stellt man diese Tätergruppe gegen alle übrigen, liegt die prozentuale Verteilung bei 27,5% bzw. 21,5%. (Siehe Tabelle 56).

Abbildung 8: Rückfall und Familienstand Eltern

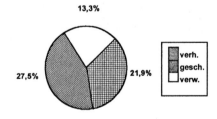

---

[204]Sack (1993, S. 130f)

Tabelle 56: Rückfall und Familienstand Eltern

	Keine Angabe	Total	verheiratet	geschieden	verwitwet	ledig
Total	22 100%	396 100%	311 100%	69 100%	15 100%	1 100%
Rückfall	5 22,7%	89 22,5%	68 21,9%	19 27,5%	2 13,3%	
Kein Rückfall	17 77,3%	307 77,5%	243 78,1%	50 72,5%	13 86,7%	1 100%

Bei einer Aufteilung der Gruppe der Rückfälligen nach Alter zeigte sich, daß die weiblichen Probanden aus Scheidungsfamilien mit 23,5% (n.4) im Verhältnis häufiger vertreten waren als das männliche Geschlecht mit 20,8% (n.15). Wiederholt delinquent gewordene Heranwachsende stammten dagegen aus Familien mit Eltern, die verheiratet waren.

Tabelle 57: Rückfall und Familienstand unter Berücksichtigung von Alter und Geschlecht

	Total	m	w	J	H
Total	89 100%	72 100%	17 100%	81 100%	8 100%
Verheiratet	68 76,4%	55 76,4%	13 76,5%	60 74,1%	8 100%
Geschieden	19 21,3%	15 20,8%	4 23,5%	19 23,5%	
Verwitwet	2 2,2%	2 2,8%		2 2,5%	

Bei einer Unterteilung nach Häufigkeit des Rückfalls konnte festgestellt werden, daß die Wahrscheinlichkeit, daß der Delinquent aus einer Scheidungsfamilie stammt, mit Zunahme der Rückfallhäufigkeit stieg. (Siehe Abbildung 9).

Abbildung 9: Rückfallhäufigkeit und Familienstand Eltern

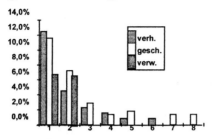

5.7 Rückfall und Schichtzugehörigkeit

Das Arbeitermilieu stellt nicht nur im Amtsgerichtsbezirk Rüsselsheim, sondern auch in der vorliegenden Untersuchung die Hauptgruppe der berufstätigen Väter. 46 Probanden, deren Väter an - oder ungelernte Arbeiter waren, wurden wieder straffällig. Dies entspricht einer Quote von 31,1%. Zählt man hierzu noch die Delinquenten, deren Vater arbeitslos war, lag der Anteil der Rückfälligen bei 31,4%. Probanden, deren Väter zur gehobenen Mittelschicht gezählt werden können, wiesen eine Rückfallquote von 23,1% (n.18) auf. In der unteren Mittelschicht lag der Anteil der rückfälligen Probanden dagegen nur bei 18,5% (n.17). Bei 11,6% (n.11) der Rückfälligen erfolgten keine Angaben zum Beruf des Vaters. (Siehe Tabelle 58).

Bei alleiniger Betrachtung der Gruppe der Rückfälligen stellt sich die Berufsverteilung der Väter wie folgt dar:

Abbildung 10: Beruf des Vaters bei Rückfalltätern

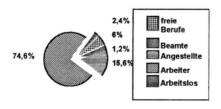

Tabelle 58: Rückfall und Beruf Vater

	Total	Rückfall ja	Rückfall nein
Total	418 100%	94 22,5%	324 77,5%
Keine Angaben	95 100%	11 11,6%	84 88,4%
Gehobene Mittelschicht			
Total	78 100%	18 23,1%	60 76,9%
Akad. freie Berufe u. Selbständige	17 100%	5 29,4%	12 70,6%
Beamte	5 100%	1 20%	4 80%
Gehobene Angestellte	56 100%	12 21,4%	44 78,6%
Untere Mittelschicht			
Total	92 100%	17 18,5%	75 81,5%
Vorarbeiter und Meister	44 100%	9 20,5%	35 79,5%
Gelernte - und Facharbeiter	39 100%	7 17,9%	32 72,1%
Einfache Angestellte	9 100%	1 11,1%	8 88,9%
Unterschicht			
Total	153 100%	48 31,4%	105 68,6%
An - und ungelernte Arbeiter	148 100%	46 31,1%	102 68,9%
Arbeitslos	5 100%	2 40%	3 60%

Bei einer Aufteilung nach Geschlecht und Alter konnte keine Beziehung zwischen der Schichtzugehörigkeit und dem Rückfall für die Gruppe der Heranwachsenden und der Mädchen festgestellt werden. Dagegen ergaben sich für die männlichen Jugendlichen deutlich erhöhte Zahlen.

Tabelle 59: Rückfall und Beruf Vater unter Berücksichtigung von Alter und Geschlecht

	Total	m	w	J	H
Gehobene Mittelschicht					
Total	18 100%	15 83,3%	3 16,7%	18 100%	
Akad. freie Berufe u. Selbständige	5 100%	4 80%	1 20%	5 100%	
Beamte	1 100%	1 100%		1 100%	
Gehobene Angestellte	12 100%	10 83,3%	2 16,7%	12 100	
Untere Mittelschicht					
Total	17 100%	13 76,5%	4 23,5%	14 82,3%	3 11,7%
Vorarbeiter und Meister	9 100%	7 77,8%	2 22,2%	7 77,8%	2 22,2%
Gelernte - und Facharbeiter	7 100%	6 85,7%	1 14,3%	6 85,7%	1 14,3%
Einfache Angestellte	1 100%		1 100%	1 100%	
Unterschicht					
Total	48 100%	45 93,8%	3 6,2%	44 91,7%	4 8,3%
An - und ungelernte Arbeiter	46 100%	43 93,5%	3 6,5%	42 91,3%	4 8,7%
Arbeitslos	2 100%	2 100%		2 100%	

5.8 Rückfall und Berufstätigkeit der Mutter

War die Mutter berufstätig, ließen sich Unterschiede in der Legalbewährung der Probanden feststellen. So wurden 30,8% (n.45) der Probanden, deren Mütter berufstätig waren, wieder rückfällig. Waren die Mütter Hausfrauen, lag die negative Legalbewährung nur bei 19,0% (n.40). Dieses Ergebnis ist deshalb bemerkenswert, da zum Zeitpunkt der Ersttat 50,2% aller Mütter Hausfrauen waren. Die Berufstätigkeit der Mutter war für die Einsatztat im Gegensatz zu dem weiteren Legalverhalten der Probanden nicht von Bedeutung. Es kann aber davon ausgegangen werden, daß Mütter häufig bei "Unterschicht - Vätern" bzw. nach Scheidungen berufstätig waren und sich der Rückfall der Probanden eher daraus erklärt.

Abbildung 11: Berufstätigkeit der Mutter bei Rückfalltätern

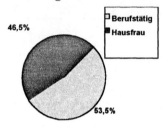

Tabelle 60: Rückfall bei Berufstätigkeit der Mutter

	Total	berufstätig	Hausfrau	keine Angabe
Total	418	146	210	62
	100%	100%	100%	100%
Rückfällig	94	45	40	9
	22,5%	30,8%	19,0%	14,6%
Nicht rückfällig	324	101	170	53
	77,5%	69,2%	81,0%	85,4%

Tabelle 61: Rückfall und Berufstätigkeit der Mutter unter Berücksichtigung von Alter und Geschlecht

	Total	m	w	J	H
Hausfrau	37	29	8	30	7
	100%	78,4%	21,6%	81,1%	18,9%
Berufstätig	45	37	8	44	1
	100%	82,2%	17,8%	97,8%	2,2%

5.9 Rückfall und Angehörige beim Erziehungsgespräch anwesend

45,5% (n.40 von n.88) der Rückfalltäter, über die Angaben vorlagen, waren nicht zum Erziehungsgespräch begleitet worden[205]. Bei 54,5% (n.48 von n.88) erfolgte eine Begleitung durch Angehörige.

Abbildung 12: Angehörige beim Erziehungsgespräch bei Rückfalltätern

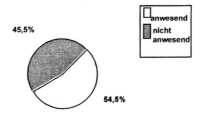

Bei einer Aufgliederung nach Personen, die das Erziehungsgespräch mit verfolgten, zeigte sich die schlechteste Legalbewährung mit einer Rückfallquote von 25,9% (n.28) bei einer Begleitung durch die Mutter. Es ist anzunehmen, daß dieser Tätergruppe eine erhöhte Anzahl von Probanden angehörte, deren Eltern geschieden waren.
War der Vater anwesend, begingen nur 18,6% (n.13) der Probanden wieder eine Straftat. Obwohl mit sieben Probanden die absolute Zahl derer, die von einem Geschwisterteil begleitet wurden, gering ist, scheint dennoch ein positiver Einfluß der Geschwister auf den Delinquenten zu bestehen. So wurde nur ein Jugendlicher wieder straffällig. Wegen der zu geringen absoluten Zahl kann das Ergebnis bei Anwesenheit der Großeltern oder der Großmutter während des Erziehungsgesprächs nicht als repräsentativ bezeichnet werden. (Siehe Tabelle 62).

---

[205]Der zuständige Jugendrichter gab hierzu an, daß in vielen Fällen eine telefonische Nachfrage durch ein Elternteil nach Durchführung des Erziehungsgesprächs erfolgt sei. Mangels genauer Zahlen über die Häufigkeit dieser Verfahrensweise konnten diese Angaben in der Untersuchung keine Berücksichtigung finden. Im Rahmen der Legalbewährung sind mögliche Zusammenhänge zur Anwesenheit der Angehörigen als Indiz für die Fürsorge über die Jugendlichen daher kritisch zu betrachten.

Tabelle 62: Rückfall und Angehörige beim Erziehungsgespräch

	Total	Rückfall ja	Rückfall nein
Total	418 100%	94 22,5%	324 77,5%
Keine Angaben	26 100%	6 23,1%	20 76,9%
Keine Angehörigen anwesend	173 100%	40 23,1%	133 76,9%
Eltern	29 100%	5 17,2%	24 82,8%
Mutter	108 100%	28 25,9%	80 74,1%
Vater	70 100%	13 18,6%	57 81,4%
Großeltern	1 100%	0 0%	1 100%
Oma	4 100%	1 25%	3 75%
Geschwister	7 100%	1 14,3	6 85,7%

Bei einer Unterteilung nach Geschlecht konnte festgestellt werden, daß die größte Gruppe der weiblichen Probanden, die rückfällig wurden, von der Mutter zum Jugendrichter begleitet worden waren. Bei den männlichen Delinquenten zeigte sich dagegen, daß der größte Anteil der Rückfälligen in der Gruppe zu finden war, die nicht zum Erziehungsgespräch begleitet worden waren. Von den 18 rückfälligen Mädchen wurden nur fünf Probanden, also 27,8% nicht begleitet, 5,6% (n.1) von den Eltern, 50,0% (n.9) von der Mutter und 16,7% vom Vater. Bei den 70 männlichen Probanden erfolgte in 50,0% der Fälle (n.35) keine Begleitung zum Erziehungsgespräch. 5,7% (n.4) kamen mit ihren Eltern zum Gespräch, 27,1% (n.19) mit der Mutter und 14,3% (n.10) in Begleitung des Vaters. 2,8% (n.2) der männlichen Probanden wurden von anderen Angehörigen zum Erziehungsgespräch begleitet. (Siehe Tabelle 63).

Tabelle 63: Rückfall und Angehörige beim Erziehungsgespräch unter Berücksichtigung von Alter und Geschlecht

	Total	m	w	J	H
Keine	40	35	5	32	8
	100%	87,5%	12,5%	80%	20%
Eltern	5	4	1	5	
	100%	80%	20%	100%	
Mutter	28	19	9	28	
	100%	67,9%	32,1%	100%	
Vater	13	10	3	13	
	100%	76,9%	23,1%	100%	
Oma	1	1		1	
	100%	100%		100%	
Geschwister	1	1		1	
	100	100%		100%	

5.10 Rückfall und Erziehungsmaßnahme

In jedem Fall eines Erziehungsgesprächs erfolgte eine Ermahnung, unabhängig davon, ob eine weitere Maßnahme angeordnet wurde. Die beste Legalbewährung war in der Gruppe zu verzeichnen, in der neben der Ermahnung noch eine Geldbuße erteilt wurde. Hier wurden nur 14,0% (n.8) der Probanden wieder rückfällig, sechs davon sogar erst nach über 24 Monaten. Da Geldbußen grundsätzlich nur bei solchen Ersttätern erfolgten, die bereits über ein eigenes Einkommen verfügten, waren in dieser Gruppe viele Heranwachsende zu verzeichnen. Die Rückfallhäufigkeit bei den Heranwachsenden betrug insgesamt jedoch nur 8,0%, ohne Rücksicht auf die erfolgte Auflage. Hieraus ist erklärbar, weshalb bei einer Geldbuße eine so geringe Rückfallquote vorlag.
Auch ein Täter- Opfer- Ausgleich schien positiven Einfluß auf die Legalbewährung der Probanden zu haben, da nur 19,0% (n.4) dieser Gruppe rückfällig wurden, drei jedoch bereits nach weniger als sechs Monaten.
Obwohl in den häufigsten Fällen eine Arbeitsleistung erteilt wurde, lag hier die negative Legalbewährung mit 23,1% (n.36) geringfügig über der allgemeinen Rückfallquote. Dies mag daran liegen, daß diese Maßnahme den Schmelztiegel für jene Probanden darstellte, bei denen wegen der Schadenshöhe nur eine Ermahnung erzieherisch nicht ausreichend erschien, die Notwendigkeit besonderer Maßnahmen über eine Arbeitslei-

stung hinaus jedoch nicht erkennbar war. Auch hier bleibt festzuhalten, daß 78,3% (n.36 von n.46) der mit Arbeitsleistung belegten Rückfalltäter eine weitere strafbare Handlung erst wieder nach über zwei Jahren begingen.
Erfolgte nur eine Ermahnung, war eine negative Legalbewährung bei 21,7% (n.27) der Probanden festzustellen. Dies lag 0,8% über dem Durchschnitt. Obwohl hierbei vordergründig eine bessere Legalbewährung als bei der Zuweisung einer Arbeitsleistung zu verzeichnen war, galt dies nicht für den Rückfallzeitraum. So wurden 13 der 27 Probanden und damit 48,1% schon innerhalb der ersten sechs Monate wieder rückfällig. Wegen der geringen absoluten Zahl muß bei der Bewertung dieses Ergebnisses aber Vorsicht gelten, da eine Verschiebung von nur einem Probanden sich um knapp 4% auswirkt. Heinz / Hügel kommen in ihrer Untersuchung zu einer Rückfallquote nach Ermahnung und informeller Einstellung durch den Jugendrichter von 37,5%. Im Gegensatz zu der vorliegenden Untersuchung, konnte mit dieser Erziehungsmaßnahme die beste Legalbewährung erzielt werden[206].
Trotz der nur geringen absoluten Zahl von insgesamt acht Probanden, die die Weisung von unangemeldeten Drogentests erhielten, kann die positive Legalbewährung von sechs Straftätern nicht als Zufallsergebnis gewertet werden. Wegen der eindeutigen Nachweisbarkeit wiederholten Rauschgiftkonsums schreckten unangemeldete Drogentests offensichtlich ab. Ein erster registrierter Rückfall war darüber hinaus erst nach sechs Monaten, der zweite nach zwölf und die letzten zwei Rückfälle nach 24 Monaten gegeben. Natürlich darf nicht unberücksichtigt bleiben, daß in dieser Tätergruppe auschließlich Heranwachsende waren, die ohnehin eine erheblich geringere Rückfallquote aufwiesen.
Keinen Erfolg schien hingegen die Weisung des regelmäßigen Schulbesuchs zu erzielen. Hier wurden sämtliche davon betroffenen Probanden rückfällig. Allerdings ist zu bedenken, daß eine solche Maßnahme nur mittelbar wegen einer begangenen Straftat auferlegt wurde. Maßgeblich für die Wahl waren in diesen Fällen erhebliche familiäre Defizite, welche mit "Schuleschwänzen" einhergingen. (Siehe Abbildung 13 und Tabelle 64).

---

[206] Heinz/Hügel (1987, S. 73)

Abbildung 13: Erziehungsmaßnahme und Rückfall[207]

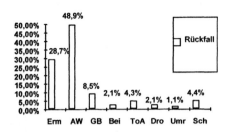

Tabelle 64: Rückfall und Erziehungsmaßnahme

	Total	Rückfall ja	Rückfall nein
Total	418	94	324
	100%	22,5%	77,5%
Ermahnung	124	27	97
	100%	21,7%	78,3%
Arbeitsleistung	199	46	153
	100%	23,1%	76,9%
Geldbuße	57	8	49
	100	14,0%	86,0%
Erziehungsbeistand	4	2	2
	100%	50,0%	50,0%
Täter-Opfer-Ausgleich	21	4	17
	100%	19,0%	81,0%
Drogentest	8	2	6
	100%	25,0%	75,0%
Umrüstung	1	1	
	100%	100%	
Regelmäßiger Schulbesuch	4	4	
	100%	100%	

---

[207] Erm=Ermahnung; AW=Arbeitsweisung; GB=Geldbuße; Bei=Beistandschaft; ToA=TäterOpfer-Ausgleich; Dro=Drogentest; Umr=Umrüstung; Sch=Schulbesuch

Bei den weiblichen Delinquenten, die rückfällig wurden, waren mit 50,0% (n.9) am häufigsten zuvor Arbeitsleistungen erteilt worden. Auch bei den rückfälligen männlichen Probanden war diese Erziehungsmaßnahme mit 46,1% (n.35) am häufigsten durch den Jugendrichter erteilt worden, gefolgt von einer isolierten Ermahnung.

Tabelle 65: Rückfall und Erziehungsmaßnahme unter Berücksichtigung von Alter und Geschlecht

	Total	m	w	J	H
Total	94	76	18	84	10
	100%	100%	100%	100%	100%
Ermahnung	27	20	7	26	1
	28,7%	26,3%	38,9%	31,0%	10,0%
Arbeitsleistung	46	35	9	44	2
	48,9%	46,1%	50,0%	52,4%	20,0%
Geldbuße	8	8		3	5
	8,5%	10,5%		3,6%	50,0%
Erziehungsbeistand	2	1	1	2	
	2,1%	1,3%	5,6%	2,4%	
Täter-Opfer-Ausgleich	4	4		4	
	4,3%	5,3%		4,8%	
Drogentest	2	2			2
	2,1%	2,6%			20,0%
Umrüstung	1	1		1	
	1,1%	1,3%		1,2%	
Regelmäßiger Schulbesuch	4	3	1	4	
	4,3%	3,9%	5,6%	4,8%	

5.11 Rückfall nach Deliktsgruppen

Wie bereits unter 3.5 ausgeführt wurde, waren unter den Probanden auch solche Ersttäter zu finden, die mehr als eine selbständige strafbare Handlung begangen hatten, welche Anlaß des Erziehungsgesprächs waren. Für die Überprüfung der Legalbewährung bedeutete dies, daß die positive bzw. negative Legalbewährung nach zwei unterschiedlichen selbständigen Einsatztaten jeder dieser Einsatztat zugerechnet wurde. Diese Art der Erhebung nach Deliktsgruppen war somit tat - und nicht täterbezogen. In absoluten Zahlen errechneten sich hieraus 95 Rückfälle bei 429 Erststraftaten. Um Doppelzählungen zu vermeiden, erfolgte eine getrennte Datenauswertung nach Erst- und Zweitnennung, wobei die Taten nach der zeitlichen Reihenfolge ihrer Begehung geordnet wurden. (Siehe Tabelle 66). Die Legalbewährungsüberprüfung bei der Zweitnennung einer selbständigen Straftat ergab nur in einem Fall eine negative Legalbewährung. (Siehe Tabelle 68). Dieser Proband hatte neben der Sachbeschädigung noch einen einfachen Diebstahl begangen und wurde bei der Rückfallüberprüfung der ersten Nennung ebenfalls als rückfällig eingestuft.

Bei der Deliktsgruppe des einfachen Diebstahls lag die Rückfallquote nur bei 18,5%. Heinz / Storz kommen in ihrer Untersuchung für den einfachen Diebstahl auf eine positive Legalbewährung von 72,6%, also jener Personen, die mit ihrer Einsatztat informell ambulant sanktioniert wurden und ohne Nachentscheidung blieben[208]. Im Umkehrschluß ergibt sich somit eine Rückfallquote von 27,4%.

Bei der Untergruppe des Ladendiebstahls lag die negative Legalbewährung vorliegend mit 20,3% geringfügig höher. Hock-Leydecker konnte für diese Tätergruppe eine negative Legalbewährung von 21,0% bei informeller Verfahrenseinstellung durch den Jugendrichter feststellen[209].

Bei den Verkehrsdelikten war mit einer negativen Legalbewährungquote von 21,7% eine schlechtere Legalbewährung als bei dem einfachen Diebstahl als Einsatztat zu verzeichnen. Auch Matheis kommt in seiner Untersuchung zu dem Ergebnis, daß eine intervenierende Diversion bei Verkehrsstraftaten eine geringere Erfolgsquote nach sich zieht als bei Diebstahlsdelikten[210]. Matheis nahm bei den Verkehrsstraftaten Jugendlicher an, daß das Bewußtsein junger Täter, bei Verkehrsdelikten etwas Unrechtes zu tun, eingeschränkt sei und sich eine Intervention daher nicht so erfolgreich auswirke[211].

Mag man bei Drogendelikten wegen des Suchtpotentials noch eine Rückfallquote von 28,0% als Erfolg ansehen, die negative Legalbewährungquote bei Sachbeschädigungen als Einsatztat muß dagegen nachdenklich stimmen. Hier war eine negative Legalbewährung in 47,8% der Fälle gegeben. Von den insgesamt 23[212] begangenen Sachbeschädigungen als Einsatztat gaben zehn Probanden als Tatmotiv Rache oder Wut an.

---

[208]Heinz/Storz (1992, S.165)
[209]Hock-Leydecker (1994, S. 169)
[210]Matheis (1991, S.240)
[211]Matheis (1991, S.240)
[212]Die begangene Sachbeschädigung als Zweitnennung wurde hierbei nicht berücksichtigt, da der Täter bereits bei dem einfachen Diebstahl als rückfällig eingeordnet wurde

Tabelle 66: Rückfall nach Deliktsgruppen

-Erste Nennung-

Einsatztat	Total	Rückfall ja	Rückfall nein
Total	418 100%	94 22,5%	324 77,5%
Einfacher Diebstahl insgesamt	298 100%	55 18,5%	243 81,5%
Hiervon Ladendiebstahl	256 100%	52 20,3%	204 79,7%
Leichter Fall des Diebstahls in einem bes. schweren Fall	14 100%	3 21,4%	11 78,6%
Sonstige Vermögensdelikte	7 100%	2 28,6%	5 71,4%
Sachbeschädigung	23 100%	11 47,8%	12 52,2%
Verkehrsdelikte	23 100%	12 52,2%	11 47,8%
Erschleichen von Leistungen	1 100%		1 100%
Raub incl.räub. Erpressung	2 100%	1 50,0%	1 50,0%
Leichter Verstoß gegen das BtMG	35 100%	7 28,0%	28 72,0%
Vorsätzliche leichte Körperverletzung	2 100%		2 100%
Nötigung	2 100%	1 50%	1 50%
Sonstiges	11 100%	2 18,2%	9 81,8%

Von den rückfälligen Heranwachsenden waren als Einsatztat zwei Verstöße gegen das Betäubungsmittelgesetz und sechs Ladendiebstähle begangen worden. Bei den weiblichen Probanden, die wieder strafrechtlich in Erscheinung getreten waren, war die Einsatztat bis auf eine Ausnahme der Ladendiebstahl. Bei den männlichen rückfälligen Jugendlichen waren zwar ebenfalls diese Einsatztat am häufigsten vertreten, die Gruppe vereinte jedoch auch die übrigen Einsatztaten auf sich.

Tabelle 67: Rückfall nach Deliktsgruppen unter Berücksichtigung von Alter und Geschlecht

-Erste Nennung-

	Total	m	w	J	H
Total	94 100%	76 100%	18 100%	86 100%	8 100%
Einfacher Diebstahl insgesamt	55 100%	38 69,1%	17 30,9%	49 89,1%	6 10,9%
Hiervon Ladendiebstahl	52 100%	36 69,2%	16 30,8%	46 88,5%	6 11,5%
Leichter Fall des Diebstahls in einem bes. schweren Fall	3 100%	3 100%		3 100%	
Sonstige Vermögensdelikte	2 100%	2 100%		2 100%	
Sachbeschädigung	11 100%	11 100%		11 100%	
Verkehrsdelikte	12 100%	12 100%		12 100%	
Erschleichen von Leistungen					
Raub inkl.räub. Erpressung	1 100%	1 100%		1 100%	
Leichter Verstoß gegen das BtMG	7 100%	7 100%		5 71,4%	2 28,6%
Vorsätzliche leichte Körperverletzung					
Nötigung	1 100%	1 100%		1 100%	
Sonstige	2 100%	1 50%	1 50%	2 100%	

Tabelle 68: Rückfall nach Deliktsgruppen

-Zweite Nennung-

Einsatztat	Total	Rückfall ja	Rückfall nein
Total	11 100%	1 9,1%	10 90,9%
Einfacher Diebstahl insgesamt	4 100%		4 100%
Hiervon Ladendiebstahl	1 100%		1 100%
Leichter Fall des Diebstahls in einem bes. schweren Fall	2 100%		2 100%
Sachbeschädigung	2 100%	1 50%	1 50%
Sonstiges	3 100%		3 100%

Der im Rahmen der Zweitnennung erfolgte Rückfall lag bei einem männlichen Jugendlichen vor.

5.12 Einschlägiger Rückfall

Bei der Analyse des einschlägigen Rückfalls waren keine erheblichen Unterschiede der einzelnen Tätergruppen feststellbar. So lag die einschlägige Rückfallquote bei den deutschen Probanden bei 60% (n.21 von n. 35), bei den Probanden anderer Nationalitäten lag die Quote bei 64,4% (n.38 von n.59).

Ähnliche Ergebnisse errechneten sich bei den verschiedenen Geschlechtern. Hier waren von den einschlägig Rückfälligen 61,8% (n.47 von n.76) männlichen und 66,7% (n.12 von n.18) weiblichen Geschlechts.

IV. Abschließende Stellungnahme

Gegen an allgemeine Kriterien anknüpfende Verfahrens - und Entscheidungsmodelle wird immer wieder ins Feld geführt, daß sie statistisch zwar zu annehmbaren Ergebnissen führen, dem Einzelfall jedoch nicht gerecht würden. Es sei nicht auszuschließen, daß bestimmte junge Straftäter durch eine Verurteilung besser von künftigem strafbaren Verhalten abgehalten würden[213]. Daß dieses Risiko bei geringfügiger Erstkriminalität von im Elternhaus lebenden geständigen Jugendlichen und Heranwachsenden, die einem vergleichsweise raschem jugendrichterlichen Diversionsverfahren zugeteilt werden, sehr gering ist, zeigt jedoch das Rüsselsheimer Modell eindrucksvoll auf. So lag nicht nur die Rückfallquote von 22,5% unter der durchschnittlichen Rückfallhäufigkeit vergleichbarer Studien. Die Rückfälle lagen zudem wieder im Bagatellbereich, die mit ihnen befaßten Instanzen reagierten deshalb erneut mit ambulanten Sanktionen. Nur ein einziger mehrfach auffälliger Proband von einer Gruppe von 418 Delinquenten wurde im Untersuchungszeitraum zu einer Jugendstrafe verurteilt. Nur bei ihm ist im Untersuchungszeitraum eine den Bagatellbereich übersteigende Kriminalität bekannt geworden. Ob freilich eine Ausnahme vom Rüsselsheimer Modell und statt dessen eine sorgfältige Persönlichkeitsuntersuchung schon bei der Erstkriminalität dieses Probanden zu Erkenntnissen über seine Gefährdung geführt hätte, ob Maßnahmen hätten ergriffen werden können, um diese Gefährdung zu verringern, und ob diese Maßnahmen Erfolg gehabt hätten, ist ungewiß und eher unwahrscheinlich. Die noch dazu wenig wahrscheinliche Fehlentscheidung in 0,25% der untersuchten Verfahren, also in 99,75% der Fälle ein richtiges Vorgehen, stellt ein vorzügliches Ergebnis dar. In der Untersuchungsgruppe haben sich nicht solche jungen Straftäter "versteckt", deren negatives Legalverhalten eben nicht "jugendtypisch" war, sondern den Beginn einer kriminellen Laufbahn anzeigen. Obendrein ist im Rüsselsheimer Versuch eine Symbiose zwischen schneller justizieller Reaktion und Einbindung aller an einem Jugendstrafverfahren beteiligten Institutionen gut gelungen. Der Rüsselsheimer Versuch ist so eine praktisch erfogreiche, dem "Geist" des Jugendstrafrechts entsprechende Verfahrensweise bei geringfügiger Erstkriminalität vom im Elternhaus lebenden geständigen Jugendlichen und Heranwachsenden. Aus diesem Grunde erscheint es lohnend, die nach Ansicht der Verfasserin zur Zeit nicht gegebene Rechtsgrundlage für die-

---

[213]Böhm (1992, S.106 m.w.N.)

ses besondere justizielle Erledigungsverfahren zu schaffen. Dies könnte entweder im Rahmen des geltenden JGG unter Anwendung des § 45 Abs.3 und einer anderen Berechnung der Fallbelastung des Jugendrichters bei diesen Verfahren erfolgen oder durch eine Gesetzesänderung, die eine richterliche Diversion im Rahmen des § 47 erleichtert. So etwa bei Vorliegen vorher festgelegter allgemeiner Kriterien (Ersttäter / Straftatenkatalog / Geständnis / bei Eltern wohnhaft) und der Zulässigkeit einer richterlichen vorläufigen Entscheidung ohne vorherige Antragsschrift der Staatsanwaltschaft.

Tabellenverzeichnis

Tabelle 1: Verfahrensbeendigung 46

Tabelle 2: Alter zum Tatzeitpunkt 49

Tabelle 3: Verteilung der Nationalitäten 51

Tabelle 4: Schule 54

Tabelle 5: Schulabschluß 55

Tabelle 6: Schulabschluß und Nationalität 56

Tabelle 7: Berufliche Tätigkeit 57

Tabelle 8: Berufliche Tätigkeit unter Berücksichtigung
der Nationalität 58

Tabelle 9: Subjektive Leistungseinschätzung 59

Tabelle 10: Taschengeld / Einkommen 60

Tabelle 11: Beruf Vater 61

Tabelle 12: Beruf Vater unter Berücksichtigung
der Nationalität 62

Tabelle 13: Beruf Mutter 63

Tabelle 14: Beruf Mutter unter Berücksichtigung
der Nationalität 64

Tabelle 15: Familienstand der Eltern 66

Tabelle 16: Kontakt zu Erziehungsberechtigten 67

Tabelle 17: Wohnen im Haushalt 68

Tabelle 18: Wohnverhältnisse 70

Tabelle 19: Wohnverhältnisse unter Berücksichtigung
der Nationalität 71

Tabelle 20: Eigenes Zimmer 72

Tabelle 21: Geschwister im Haushalt 73

Tabelle 22: Geschwister im Haushalt unter Berücksichtigung der
Nationalität 74
Tabelle 23: Freizeitverhalten 76
Tabelle 24: Versuch / Vollendung 77
Tabelle 25: Geständnis 79
Tabelle 26: Realkonkurrierenden Delikte 80
Tabelle 27: Einzeldelikte bei Fortsetzungstaten 81
Tabelle 28: Selbständige Straftaten 85
Tabelle 29: Schadensgegenstand beim Diebstahl 88
Tabelle 30: Schadenshöhe 89
Tabelle 31: Schadenshöhe und Nationalität 90
Tabelle 32: Tatmotiv 92
Tabelle 33: Tatmotiv bei gemeinsamer Tatbegehung 93
Tabelle 34: Reaktionsdauer im Vergleich 95
Tabelle 35: Angehörige beim Erziehungsgespräch unter
Berücksichtigung der Nationalität 98
Tabelle 36: Angehörige beim Erziehungsgespräch 99
Tabelle 37: Getroffene Entscheidung 100
Tabelle 38: Erziehungsmaßnahme und Angehörige 103
Tabelle 39: Arbeitsleistung 105
Tabelle 40: Arbeitsleistung und Nationalität 106
Tabelle 41: Arbeitsleistung und Schadenshöhe 107
Tabelle 42: Geldbuße 108
Tabelle 43: Geldbuße und Nationalität 109
Tabelle 44: Schadenshöhe und Geldbuße 110

Tabelle 45: Rückfall unter Berücksichtigung von Alter
und Geschlecht 115
Tabelle 46: Rückfallhäufigkeit unter Berücksichtigung von
Alter und Geschlecht 118
Tabelle 47: Rückfall und Nationalität 119
Tabelle 48: Rückfall und Nationalität unter Berücksichtigung
des Alters und Geschlechts 119
Tabelle 49: Rückfallgeschwindigkeit im Nationalitätenvergleich 120
Tabelle 50: Anzahl der Eintragungen im Nationalitätenvergleich 121
Tabelle 51: Rückfall und Schule 123
Tabelle 52: Rückfall und Schule unter Berücksichtigung
von Alter und Geschlecht 124
Tabelle 53: Rückfall und Freizeitverhalten 126
Tabelle 54: Rückfall und Freizeitverhalten unter Berücksichtigung
von Alter und Geschlecht 127
Tabelle 55: Rückfall der Alleintäter und bei Tätergemeinschaft 128
Tabelle 56: Rückfall und Familienstand Eltern 130
Tabelle 57: Rückfall und Familienstand unter Berücksichtigung
von Alter und Geschlecht 130
Tabelle 58: Rückfall und Beruf Vater 132
Tabelle 59: Rückfall und Beruf Vater unter Berücksichtigung
von Alter und Geschlecht 133
Tabelle 60: Rückfall bei Berufstätigkeit der Mutter 134
Tabelle 61: Rückfall und Berufstätigkeit der Mutter unter
Berücksichtigung von Alter und Geschlecht 134
Tabelle 62: Rückfall und Angehörige beim Erziehungsgespräch 136

Tabelle 63: Rückfall und Angehörige beim Erziehungsgespräch
unter Berücksichtigung von Alter und Geschlecht 137

Tabelle 64: Rückfall und Erziehungsmaßnahme 139

Tabelle 65: Rückfall und Erziehungsmaßnahme unter
Berücksichtigung von Alter und Geschlecht 140

Tabelle 66: Rückfall nach Deliktsgruppen 142

Tabelle 67: Rückfall nach Deliktsgruppen unter
Berücksichtigung von Alter und Geschlecht 143

Tabelle 68: Rückfall nach Deliktsgruppen 144

Abbildungsverzeichnis

Abbildung 1: Schematische Darstellung des Rüsselsheimer Versuchs 32

Abbildung 2: Einstellungspraxis nach § 47 der Jahre 1991-1994 im Vergleich (in Prozent) 47

Abbildung 3: Legalbewährung 112

Abbildung 4: Legalbewährungsverlauf 114

Abbildung 5: Rückfall und Nationalität 118

Abbildung 6: Rückfallgeschwindigkeit im Nationalitätenvergleich 120

Abbildung 7: Rückfall bei Tätergemeinschaft 128

Abbildung 8: Rückfall und Familienstand Eltern 129

Abbildung 9: Rückfallhäufigkeit und Familienstand Eltern 131

Abbildung 10: Beruf des Vaters bei Rückfalltätern 131

Abbildung 11: Berufstätigkeit der Mutter bei Rückfalltätern .. 134

Abbildung 12: Angehörige beim Erziehungsgespräch bei Rückfalltätern 135

Abbildung 13: Erziehungsmaßnahme und Rückfall 139

Anhang

Erhebungsbogen

1 Laufende Nummer ———

2 Entscheidung ———
1 Einstellung durch Gericht
2 andere Verfahrensbeendigung

3 Tatzeitpunkt ———

4 Tatort ———
1 Rüsselsheim
2 Raunheim
3 Kelsterbach
4 sonstiger

5 Tag Erziehungsgespräch ———

6 Eingang Antragsschrift StA bei Gericht ———

I. Angaben zum Täter/Sozialdaten der Eltern

7 Geschlecht ———
1 männlich
2 weiblich

8 Nationalität ———
00 keine Angaben
01 deutsch
02 türkisch
03 griechisch
04 marokkanisch
05 italienisch
06 jugoslawisch (ehemaliges Staatsgebiet)
07 spanisch

08 russisch (ehemaliges Staatsgebiet)
09 algerisch
10 sonstige einschl. Staatenlose

9 Wohnort
1 Rüsselsheim
2 Raunheim
3 Kelsterbach
4 sonstiger

10 Geburtsdatum

11 Jugendlicher/Heranwachsender
1 Jugendlicher
2 Heranwachsender

12 Gegenwärtig besuchte Schule
00 keine Angaben
01 keine Schule
02 Sonderschule
03 Hauptschule
04 Berufsschule
05 integrierte Gesamtschule
06 Realschule
07 Gymnasium
08 Berufsfachschule/Fachschule
09 Fachhochschule/Universität
10 Volkshochschule/Sprachschule
11 sonstige, nämlich...

13 Höchster allgemeinbildender Schulabschluß
0 keine Angaben
1 kein Abschluß
2 Sonderschulabschluß
3 Hauptschulabschluß
4 Mittlere Reife/Fachschulreife
5 Fachhochschulreife
6 Abitur/Hochschulreife

14 Berufsabschluß ___
0 keine Angaben
1 kein beruflicher Ausbildungsabschluß(auch Berufsschule ohne Lehre)
2 Berufsschulabschluß
3 Berufsfachschulabschluß / Berufliches Praktikum
4 sonstiger Berufsabschluß

15 Gegenwärtige Berufstätigkeit ___
0 keine Angaben
1 hauptberufliche Erwerbstätigkeit
2 arbeitslos
3 nebenher erwerbstätig (jobben)
4 Wehr / Zivildienstleistender
5 Schüler (in)
6 Student (in)
7 Auszubildende(r)
8 Hausfrau

16 Subjektive Leistungseinschätzung in Schule/Ausbildung ___
0 keine Angaben
1 schlecht
2 mittelmäßig
3 gut
4 sehr gut

17 Monatliches Nettoeinkommen/Taschengeld ___
0000 keine Angaben
0001 DM 1,00
0002 DM 2,00 usw.
9999 kein Einkommen/auf Anfrage

18 Familienstand ___
0 keine Angaben
1 ledig
2 verheiratet

19 Wohnverhältnisse   ___
0 keine Angabe
1 bei Eltern
2 bei Mutter
3 bei Vater
4 bei Mutter/Stiefvater
5 bei Vater/Stiefmutter
6 bei Mutter/Freund
7 bei Vater/Freundin
8 mit Partner
9 allein

20 Wohnlage   ___
0 keine Angaben
1 Haus
2 Eigentumswohnung
3 1-Zimmer-Mietwohnung
4 2-Zimmer-Mietwohnung
5 3-Zimmer-Mietwohung
6 4-Zimmer-Mietwohnung
7 Asylbewerberheim

21 Eigenes Zimmer   ___
0 keine Angaben
1 ja
2 nein

22 Familienstand Eltern   ___
0 keine Angaben
1 verheiratet
2 verwitwet
3 geschieden
4 ledig

23 Geschwister im Haushalt lebend   ___
00 keine Angaben
01 ein
02 zwei usw.
99 keine

24 Kontakt zu Erziehungsberechtigten ___
0 keine Angaben
1 schlecht
2 mittelmäßig
3 gut

25 Beruf Eltern   **Vater** ___
00 keine Angeben   **Mutter** ___
01 akademische freie Berufe
02 Selbständige in Handel,Gewerbe,Industrie,Dienstleistung
03 Beamte im einfachen/mittleren Dienst
04 Beamte im gehobenen/höheren Dienst
05 Angestellte mit verantwortungsvoller Tätigkeit
06 Angestellte mit schwierigeren Tätigkeiten
07 Angestellte mit einfachen Tätigkeiten
08 Vorarbeiter,Meister,Poliere
09 gelernte-und Facharbeiter
10 an-und ungelernte Arbeiter
11 Hausfrau / Hausmann
12 arbeitslos

26 Freizeitverhalten   **Erste Nennung** ___
0 keine Angaben
1 sportliche Aktivitäten   **Zweite Nennung** ___
2 im Sportverein aktiv
3 musizieren   **Dritte Nennung** ___
4 sonstige aktive Hobbys
5 jobben
6 zu Hause sein
7 mit Freunden zusammen sein

II Angaben zur Tat

27 Alleintäterschaft ___
1 ja
2 nein (auch getrennte Straftaten bei
gleichzeitiger Begehung in räumlicher Nähe)

28 Anzahl der vorgeworfenen Delikte ___
(Tateinheit= 1 Delikt)

**29 Anzahl der Einzeldelikte
bei fortgesetzter Handlung** ___
0 keine Angaben
2 zwei
3 drei usw.

30 Einordnung des schwersten Delikts
01 unbefugter Gebrauch von Fahrzeugen
02 Fahren ohne Fahrerlaubnis/   **Erste Nennung** ___
Versicherungsschutz   **Zweite Nennung** ___
03 Erschleichen von Leistungen
04 Diebstahl geringwertiger Sachen (ohne Ladendiebstahl)
05 Sonstige Fälle des einfachen Diebstahls
06 Diebstahl in einem besonders schweren Fall
(z.B. Diebstahl eines verschlossenen Fahrrads/Mofa ohne mitgeführtes Werkzeug)
07 Ladendiebstahl geringwertiger Sachen
08 sonstiger Fall des einfachen Ladendiebstahls
09 Raubdelikt inkl. räuberische Erpressung
10 Betrug (z.b. Umpreisung)
11 fahrlässiges leichtes Körperverletzungsdelikt im Straßenverkehr
12 vorsätzliches leichtes Körperverletzungsdelikt
13 unerlaubtes Entfernen vom Unfallort (z. B. Leitplankenfälle)
14 Nötigung
15 Sachbeschädigung
16 leichter Verstoß gegen das WaffG
17 leichter Verstoß gegen das BtMG (z.b. Besitz
weicher Drogen zum Eigenverbrauch)
18 Verstoß gegen das Fernmeldegesetz
19 leichter Verstoß gegen das AuslG
20 Beleidigung
21 Unterschlagung
22 Hehlerei
23 sonstiges, nämlich

31 Bewertungsstufe des schwersten Delikts ___
1 Versuch
2 Vollendung

32 Art des Schadens ___
1 materiell
2 immateriell
3 materiell und immateriell
4 kein Schaden

33 Diebstahlsgegenstand   **Erste Nennung** ___
0 keine Angaben
1 Kosmetika   **Zweite Nennung** ___
2 Textilien
3 Audio / Video / Elektronik   **Dritte Nennung** ___
4 Spirituosen
5 Fahrradteile / Fahrzeugteile
6 Lebensmittel
7 Zigaretten
8 Schreibwaren
9 Geld

34 Höhe des materiellen Gesamtschadens insgesamt ___
0000 keine Angaben
0002 DM 2 usw.

III. Verfahren

35 Angehörige bei Erziehungsgespräch anwesend ___
0 keine Angaben
1 keine
2 Eltern
3 Mutter
4 Vater
5 Großeltern
6 Oma
7 Opa
8 Geschwister

36 Jugendgerichtshilfe anwesend ___
0 keine Angaben
1 nein
2 ja

37 Vorbelastung ___
0 keine Angaben
1 nein
2 ja

37.1 Vorbelastung des Täters nach eigenen Angaben ___
0 keine Angaben
1 nein
2 ja

**37.2 davon einschlägig
(definiert nach Deliktsgruppen)** ___
0 keine Angaben
1 einschlägig
2 nicht einschlägig

IV. Tatauslösende Umstände / Verhalten nach der Tat ___

38 Tatauslösende Umstände   Erste Nennung ___
00 keine Angaben
01 Täter hat keine Erklärung   Zweite Nennung ___
02 Spontanidee, ohne Planung
03 einmal ausprobieren
04 von anderen animiert
05 Fehlen eigener finanzieller Mittel
06 Habenwollen
07 Langeweile
08 Rache, Wut
09 Mutprobe
10 Probleme
11 Freundschaftsdienst
12 Spaß

39 Einstellung zum Tatvorwurf ___
0 keine Angaben
1 sofortiges Geständnis
2 anfängliches Bestreiten/späteres Geständnis
3 Bestreiten

V. Entscheidung

40 Einstellung erfolgte nach ___
1 §§ 47 Abs.1 Nr.2, 45 Abs.2 JGG
2 § 47 Abs.1 S.2 JGG
3 § 170 Abs.2 StPO
4 keine Einstellung im Rüsselsheimer Versuch

41 Art der Sanktion   **Erste Nennung** ___
0 keine Sanktion
1 Ermahnung   **Zweite Nennung** ___
2 Arbeitsauflage
3 Erziehungsbeistandschaft
4 Täter-Opfer-Ausgleich
5 Geldauflage
6 unangemeldete Drogentests
7 Umrüstung
8 regelmäßiger Schulbesuch
9 sonstiges, nämlich...

42 Höhe der Geldauflage ___
001 DM 1
002 DM 2 usw.

43 Höhe der Arbeitsauflage ___
001 eine Stunde
002 zwei Stunden usw.

44 Auflage erfüllt ___
0 keine Angaben
1 ja
2 nein

VI. Negative Legalbewährung ___

**45 Anzahl der Registereintragung von Taten,
die dem Erziehungsgespräch zeitlich nachfolgen** ___
0 keine Eintragung
1 eine Eintragung
2 zwei Eintragungen usw.

**46 einschlägiger Rückfall
(definiert nach Deliktsgruppen)** ___
1 ja
2 nein

47 Negativer Legalbewährungszeitraum allgemein
1 weniger als sechs Monate   **Erste Nennung** ___
2 sechs Monate bis zu 12 Monate
3 12 Monate und ein Tag bis zu 18 Monate   **Zweite Nennung** ___
4 18 Monate und ein Tag bis 24 Monate
5 über 24 Monate   **Dritte Nennung** ___

48 einschlägiger Negativer Legalbewährungszeitraum
1 weniger als 6 Monate   **Erste Nennung** ___
2 sechs Monate bis zu 12 Monate
3 12 Monate und ein Tag bis zu 18 Monate   **Zweite Nennung** ___
4 18 Monate und ein Tag bis zu 24 Monate
5 über 24 Monate   **Dritte Nennung** ___

Peter Lang · Europäischer Verlag der Wissenschaften

Giuseppe Orsi / Kurt Seelmann / StefanSmid /
Ulrich Steinvorth (Hrsg.)

Recht und Kulturen

Frankfurt/M., Berlin, Bern, Bruxelles, New York, Oxford, Wien, 2000. 159 S.
Rechtsphilosophische Hefte.
Beiträge zur Rechtswissenschaft, Philosophie und Politik.
Herausgegeben von Giuseppe Orsi, Kurt Seelmann, Stefan Smid und
Ulrich Steinvorth. Bd. IX
ISBN 3-631-36194-7 · br. DM 53.–*

Recht ist einerseits an Kulturen gebunden, tritt insbesondere in Form der
Menschenrechte aber auch mit einem universellen Anspruch auf. Die
Beiträge untersuchen dieses Spannungsverhältnis vor allem im Hinblick auf
den Universalitätsanspruch und auf kulturübergreifende Rezeptionsvorgänge.
Aber auch das Verhältnis der Menschenrechte zur staatlichen Souveränität
und der moderne Kulturbegriff werden erörtert.

Aus dem Inhalt: Menschenrechte in Asien · Rezeption europäischen Rechts
in Korea · Einheit der Menschheit und kulturelle Vielfalt · Menschenrechte
und Rechtsstaatlichkeit · Subjektivität und Kultur

Frankfurt/M · Berlin · Bern · Bruxelles · New York · Oxford · Wien
Auslieferung: Verlag Peter Lang AG
Jupiterstr. 15, CH-3000 Bern 15
Telefax (004131) 9402131
*inklusive Mehrwertsteuer
Preisänderungen vorbehalten